Ralf L. Weber ✝

Währungs- und Finanzkrisen: Lehren für Mittel- und Osteuropa?

Studien zur Ordnungsökonomik

Herausgegeben von

Prof. Dr. Alfred Schüller

Forschungsstelle zum Vergleich
wirtschaftlicher Lenkungssysteme
der Philipps-Universität Marburg

Nr. 23: Währungs- und Finanzkrisen:
Lehren für Mittel- und Osteuropa?

 Lucius & Lucius · Stuttgart · 1999

Währungs- und Finanzkrisen: Lehren für Mittel- und Osteuropa?

Von

Ralf L. Weber ✞

 Lucius & Lucius · Stuttgart · 1999

Anschrift der MGOW:

Marburger Gesellschaft für Ordnungsfragen
der Wirtschaft e.V.
Barfüßertor 2
35037 Marburg

Die Deutsche Bibliothek - CIP-Einheitsaufnahme
Weber, Ralf L. ✟
Währungs- und Finanzkrisen: Lehren für Mittel- und Osteuropa?
/ Ralf L. Weber. Stuttgart: Lucius & Lucius 1999.

    (Studien zur Ordnungsökonomik; Nr. 23)
    ISBN 3-8282-0112-1

© Lucius & Lucius Verlags-GmbH • Stuttgart • 1999
Gerokstraße 51 • D-70184 Stuttgart

Das Werk einschließlich aller seiner Teile ist urheberrechtlich geschützt. Jede Verwertung außerhalb der engen Grenzen des Urheberrechtsgesetzes ist ohne Zustimmung des Verlages unzulässig und strafbar. Das gilt insbesondere für Vervielfältigungen, Übersetzungen, Mikroverfilmung und die Einspeicherung und Verarbeitung in elektronischen Systemen.

Druck und Einband: ROSCH-BUCH Druckerei GmbH, 96110 Scheßlitz
Printed in Germany

ISBN 3-8282-0112-1

Vorwort

Die mittel- und osteuropäischen Transformationsländer haben bei der Entwicklung marktwirtschaftlicher Ordnungsbedingungen erhebliche *interne* Schwierigkeiten zu überwinden. Dies trifft besonders auch für den Aufbau eines leistungsfähigen Finanzsystems zu. In dieser Studie wird untersucht, inwieweit *externe* Währungs- und Finanzkrisen eine zusätzliche Belastung darstellen und was die Transformationsländer in ordnungspolitischer Hinsicht gegebenenfalls dagegen unternehmen können.

Bei dem vorliegenden Text handelt es sich um einen Teil einer größeren Arbeit, die Dr. Ralf L. Weber, Geschäftsführer der *Forschungsstelle zum Vergleich wirtschaftlicher Lenkungssysteme* und der *Marburger Gesellschaft für Ordnungsfragen der Wirtschaft e.V. (MGOW)*, zum Thema „Ordnungsfragen der internationalen Finanzmärkte" schreiben wollte. Sein allzu früher Tod am 2. März 1999 hat dies ganz plötzlich zunichte gemacht.

Neben dem Habilitationsvorhaben galt sein besonderes Engagement den „Studien zur Ordnungsökonomik" der MGOW. Wie von ihm vorgesehen, erscheint sein Text nun in dieser Reihe.

Marburg, Oktober 1999　　　　　　　　　Prof. Dr. Alfred Schüller
　　　　　　　　　　　　　　　　　　　　Geschäftsführender Direktor
　　　　　　　　　　　　　　　　　　　　Forschungsstelle zum Vergleich
　　　　　　　　　　　　　　　　　　　　wirtschaftlicher Lenkungssysteme
　　　　　　　　　　　　　　　　　　　　und Vorsitzender der MGOW

Inhalt

1. Zur Bedeutung der Finanz- und Kapitalmärkte für Transformationsländer 1

2. Die Theorie spekulativer Attacken 3
   2.1. Verteidigungsfähigkeit der Währungspolitik: Die erste Generation 3
   2.2. Verteidigungsbereitschaft der Währungspolitik: Die zweite Generation 6
   2.3. Marktversagen an den Finanzmärkten: Eine dritte Generation? 12
   2.4. Indikatoren für Währungskrisen 20

3. Währungs- und Finanzmarktkrisen in Osteuropa? 22
   3.1. Politikinkonsistenzen in Transformationsländern 22
   3.2. Außenwirtschaftliche Schocks in Transformationsländern 27
   3.3. Fragilität der Finanzmärkte in Transformationsländern 28
   3.4. Marktmangel statt Marktmängel in Transformationsländern 30

Anhang 35

Literatur 39

Seit Beginn der achtziger Jahre haben die Turbulenzen an den internationalen Devisen- und Finanzmärkten zugenommen; eine erhöhte Anzahl von Finanzkrisen wird registriert (*Frankel* und *Rose* 1996; *Wyplosz* 1998). Diese Entwicklung ist mit einer zunehmenden Liberalisierung der nationalen Finanzmärkte und einer beschleunigten Kommunikation zwischen diesen Märkten einhergegangen.

Seit den jüngsten Turbulenzen an südostasiatischen Devisenmärkten werden die Funktionsfähigkeit und die gesamtwirtschaftliche Vorteilhaftigkeit freier Devisenmärkte und weitgehend liberalisierter Finanzmärkte in Frage gestellt (vgl. jüngst *Krugman* 1998). Insbesondere die Rolle des kurzfristigen Kapitalverkehrs steht zur Diskussion. Nach dem europäischen Währungssystem (1992 und 1993), nach der mexikanischen Peso-Krise 1994 und schließlich nach dem Kursverfall südostasiatischer Währungen stellt sich die Frage: Welche Region gerät als nächste in Devisenmarktturbulenzen? Werden etwa die nächsten spekulativen Attacken gegen die jungen Marktwirtschaften in Mittel- und Osteuropa geritten? Indizien für diese These scheinen die Wechselkurskrisen der tschechischen und der slowakischen Krone im Mai 1997 und der Kollaps des russischen Rubels im August 1998 zu sein.

Im folgenden Beitrag soll untersucht werden, ob den Transformationsländern in Mittel- und Osteuropa Devisen- und Finanzmarktkrisen drohen. Hierzu wird erstens die Bedeutung der Finanzmärkte für die Transformation von einer Zentralverwaltungswirtschaft hin zu einer Marktwirtschaft dargestellt. Zur Erklärung von Währungs- und Finanzmarktkrisen wird anschließend die „Theorie spekulativer Attacken" aufgegriffen. Schließlich wird im dritten Teil gefragt, ob - ausgehend von der Theorie spekulativer Attacken - in den Transformationsländern Währungs- und Finanzmarktkrisen zu befürchten sind. Im abschließenden Kapitel werden die Ergebnisse der Theorie und die Lage in Mittel- und Osteuropa (kursorisch) gegenübergestellt. Gezeigt wird, daß das Gefahrenpotential in den Transformationsländern in Bereichen liegt, die diese Theorie beschreibt, daß aber auch institutionelle Besonderheiten dieser Länder ein Gefährdungspotential begründen, das von den bisherigen Ansätzen zur Erklärung von Währungskrisen nur unzureichend erfaßt wird. Die institutionellen Besonderheiten der Finanzmärkte in Transformationsländern führen schließlich zu der Frage: Wären diese Länder nicht besser beraten, ihre Wechselkursanker selbst zu lichten, bevor es durch die Devisenmärkte geschieht.

1. Zur Bedeutung der Finanz- und Kapitalmärkte für Transformationsländer

Als *Währungskrise* wird im folgenden entweder der Zusammenbruch eines fixierten Wechselkurses oder eine starke Veränderung der Währungsreserven einer Zentralbank, die einen Wechselkurs verteidigt, verstanden (*Dornbusch, Goldfajn* und *Valdés* 1995; IMF 1998). Währungskrisen sind in dieser Sicht grundsätzlich nur dann zu erwarten, wenn der Wechselkurs eines Landes an eine andere Währung gebunden ist. Da in nahezu allen mittel- und osteuropäischen Transformationsländern (MOE-Länder) die Wechselkursfixierung als Anker dient, um geldpolitisches Vertrauen zu importieren, könnten

Währungskrisen diese monetären Anker und die damit bezweckte monetäre Stabilisierung gefährden.

Finanzmarktkrisen dagegen bezeichnen den Zusammenbruch von Finanzinstitutionen (vor allem von Banken) mit der Folge eines starken Rückgangs des Eigen- und Fremdkapitalfinanzierungsgeschäfts, also der Finanzmarktintermediation. Für Transformationsländer liegt in der Restrukturierung der Kapitalwirtschaft eine besondere Aufgabe des Übergangsprozesses. In diesen Ländern war die Kapitalwirtschaft in der Zeit der sozialistischen Zentralplanwirtschaft systematisch unterentwickelt. Wegen der eigentumsrechtlichen Defekte dieser Wirtschaftsordnung waren diese Volkswirtschaften nicht in der Lage, eine Wirtschaftsrechnung zu erzeugen, die das Problem des zeitlichen Aufbaus der Produktion hätte lösen können (vgl. *Eucken* 1934/1954; *Mises* 1940; *Fehl* 1989; *Helmstädter* 1991). In diesem Mangel liegen wesentliche Ursachen für den Hang der Zentralverwaltungswirtschaften zu einem verschwenderischen extensiven Wachstum (*von Delhaes* und *Fehl* 1979). Mit der Transformation sind somit die eigentumsrechtlichen und wirtschaftsrechnungsmäßigen Bedingungen für eine funktionsfähige Kapitalallokation zu schaffen.

Das kapitalwirtschaftliche Problem besteht grundsätzlich darin, Kapital aufzubringen und in Produktionswege zu lenken, die durch „kluge Umwege" (*Böhm-Bawerk*) charakterisiert sind, die also eine im gesamtwirtschaftlichen Vergleich positive interne Verzinsung aufweisen. Für beide Aufgaben übernehmen in Marktwirtschaften die Finanz- und Kapitalmärkte wesentliche Lenkungsfunktionen. Im Bereich der Kapitalansammlung bieten sie Anlagemöglichkeiten; im Bereich der Vermittlung von Eigen- und Fremdkapital dienen sie der Fristen-, Risiko- und Losgrößentransformation. Für diese Funktionen haben sich an den Kapitalmärkten spezielle Finanzintermediäre herausgebildet. Damit die Kapitalmärkte die Lenkungsaufgabe erfüllen können, sind eine Reihe institutioneller Bedingungen zu erfüllen. Sie zielen darauf, daß der Zins die einzelnen kapitalwirtschaftlichen Entscheidungen in einen gesamtwirtschaftlichen Rechnungszusammenhang integriert. Die Lenkungsfunktion der Kapitalmärkte setzt aber voraus, daß die Finanz- und Kapitalmärkte in den Transformationsländern wettbewerblichen Charakter erhalten. Würde in einer solchen Phase der institutionellen Erneuerung eine Währungskrise die Finanz- und Kapitalmärkte anstecken, so könnte dies den Aufbau dieser Märkte behindern. Hiervon wären alle Unternehmen, die privaten Haushalte und der Staat betroffen, da sie alle an den Finanz- und Kapitalmärkten agieren.

Erfahrungen mit Finanzmarktkrisen in anderen Ländern zeigen, daß die unmittelbaren Kosten in Form geringerer Wachstumsraten und steigender Arbeitslosigkeit sehr hoch sein können (IMF 1998, S. 74, S. 78ff.). So konnte Argentinien zwar das Currency Board erfolgreich gegen die Tequila Krise verteidigen (vgl. *Freytag* 1998); die hierzu erforderliche Anhebung der Realzinsen dürfte aber wesentlich für den gleichlaufenden Wachstumsverlust beim realen Bruttoinlandsprodukt, für einen deutlichen Rückgang der Investitionen und einen starken Anstieg der Arbeitslosigkeit verantwortlich gewesen sein (*Diehl* und *Schweickert* 1997, S. 34).

Empirische Untersuchungen deuten nun darauf hin, daß Finanzmarktkrisen in Emerging Markets häufig in Verbindung mit Währungskrisen auftreten. Da die MOE-Länder ihre Währungen fixiert haben und sich die Finanzmärkte in diesen aufstrebenden Märkten in der institutionellen Aufbauphase befinden, könnten diese Länder sehr anfällig für eine kombinierte Währungs- und Finanzmarktkrise sein. Dies haben bereits entsprechende Krisen in Estland und Tschechien (1992) gezeigt. Wie entstehen Währungskrisen? In der Außenwirtschaftstheorie hat sich hierzu seit den 80er Jahren eine Forschungsrichtung etabliert, die unter der Bezeichnung „Theorie spekulativer Attacken" den Ursachen von Wechselkurskrisen nachspürt.

2. Die Theorie spekulativer Attacken

2.1. Verteidigungsfähigkeit der Währungspolitik: Die erste Generation

Ausgangspunkt der ersten Modellgeneration ist ein grundlegender Artikel von *Paul Krugman* (1979). Darin werden spekulative Attacken aus einer Kombination der monetären Zahlungsbilanztheorie und der Theorie rationaler Erwartungen erklärt.

Nach der *monetären Zahlungsbilanztheorie* spiegeln Devisenmarktturbulenzen Anpassungsreaktionen der Wirtschaftssubjekte auf ein (monetäres) Ungleichgewicht im Inland wieder (IMF 1977; *Johnson* 1977). Kommt es in einem Land durch eine zusätzliche Geldschöpfung zu einer Störung des Geldmarktgleichgewichts (Geldangebot > Geldnachfrage), werden die Wirtschaftssubjekte versuchen, sich der neuen Situation anzupassen. Hierzu sind neben der Überleitung von Teilen der Kassenhaltung in andere Inlandsaktiva auch Umschichtungen in ausländische Aktiva möglich. Zu erwarten ist folglich, daß zumindest ein Teil der Anpassungen die Auslandsmärkte einbezieht und daß die überschüssige Realkasse zu einer zusätzlichen Nachfrage nach Devisen führt. Diese Anpassung dauert solange an, bis die Wirtschaftssubjekte ein neues inländisches Kassenhaltungsgleichgewicht erreichen. Bei festen Wechselkursen schlägt sich der Kassenabbau in einem Abfluß von Währungsreserven nieder, der - sofern die davon betroffene Zentralbank nicht dagegen interveniert - die Geldbasis verringert. Setzt sich die Geldemission fort, wird die Anpassung der Wirtschaftssubjekte so lange zu einem Abfluß von Währungsreserven führen, bis die Zentralbank sämtliche Währungsreserven verloren hat und den Wechselkurs nicht mehr verteidigen kann. Es kommt dann zur Abwertung der Inlandswährung.

In dieser Sicht der monetären Zahlungsbilanztheorie spiegeln Veränderungen der Währungsreserven Anpassungsströme bei einem gestörten Geldmarktgleichgewicht wider. Orientiert sich die Geldpolitik nicht am Primat fester Wechselkurse, kommt es bei einer dauerhaften monetären Überversorgung schließlich zu einem vollständigen Verlust der Währungsreserven. Besteht also eine dauerhafte Inkonsistenz zwischen der Geldpolitik und dem Wechselkurs, muß spätestens dann, wenn die Währungsreserven erschöpft sind, ein währungspolitischer Kurswechsel erfolgen – es muß entweder der Wechselkurs oder die geldpolitische Strategie aufgegeben werden. Wie lange ein solcher Kurswechsel vermieden werden kann, hängt vom Reservenverlust ab. Dieser wird von der

Wachstumsrate der inländischen Kreditkomponente im Verhältnis zur Entwicklung der Geldnachfrage bestimmt.

Unterstellt man nun bei den Kapitalanlegern eine *rationale Erwartungsbildung*, gestützt auf die monetäre Zahlungsbilanztheorie, dann können die Währungsreserven wesentlich früher erschöpft sein, als es die monetäre Zahlungsbilanztheorie vermuten läßt: Würde nach einem vollständigen Reservenabfluß die Währung abgewertet, droht den Kapitalanlegern im Inland ein Renditeverlust im Vergleich zu Kapitalanlagen im Ausland. Diesem könnten sich Anleger entziehen, wenn sie unmittelbar vor der Abwertung mit ihren Anlagen ins Ausland gehen, um nach der Abwertung wieder zurückzukehren. Würden die Kapitalanleger bei Abwertungsverdacht also ihren Abzug zeitlich vorverlegen, müßte aber zwangsläufig auch die Abwertung früher stattfinden, da durch den Kapitalabzug eine - im Vergleich zur Erwartung der monetären Zahlungsbilanztheorie - zusätzliche Nachfrage nach Devisen anfällt, die die Zentralbank aus ihren Währungsreserven zu bedienen hätte. Damit leert sich die Devisenkasse der Zentralbank rascher als erwartet und der Abwertungsdruck nimmt zu. Die ('rationale') Erwartung einer Abwertung kann somit die Zeit bis zur Abwertung verkürzen. Bei rationaler Erwartungsbildung berücksichtigen die Kapitalanleger diese Stauchung der Zeit vor der Abwertung. Sie müßten - um der Abwertung tatsächlich auszuweichen - ihr Kapital früher abziehen. Die Zeit bis zur tatsächlichen Abwertung wird folglich immer kürzer. Wer nicht zu jenen Kapitalanlegern gehören will, die als die „Letzten von den Hunden gebissen werden", muß seinen Kapitalabzug in die Gegenwart verlagern. Aus der Erwartung einer zukünftigen Abwertung kann so eine aktuelle (überfallartige) Abwertung werden.

Die Ergebnisse dieser ersten Modellgeneration zur Erklärung spekulativer Attacken (*Krugman* 1979, *Flood* und *Garber* 1984) stellen eine Weiterentwicklung der monetären Zahlungsbilanztheorie im Hinblick auf den Zeitpunkt einer Wechselkursänderung dar. Die Ursache der Abwertungserwartung liegt in einer Inkonsistenz zwischen einem gesamtwirtschaftlichen Versprechen (dem festen Wechselkurs) und dem wirtschaftspolitischen Verhalten (der expansiven Geldpolitik); die Abwertungserwartung ist also durch fundamentale Ungleichgewichte bestimmt. Finanzmärkte nehmen damit die möglichen Konsequenzen eines inkonsistenten wirtschaftspolitischen Maßnahmenbündels vorweg: „In effect, financial markets simply bring home the news, albeit sooner than the country might have wanted to hear it" (*Krugman* 1997, S. 4).

Allerdings führt nicht jede monetäre Überversorgung automatisch zu einer spekulativen Attacke. Hat die expansive Geldpolitik erkennbar vorübergehenden Charakter, kann die Anpassung der Wirtschaftssubjekte nach einem entsprechenden Reservenabfluß enden, sofern die Zentralbank über ausreichende Währungsbestände verfügt. Auch könnte die Zentralbank ihren geldpolitischen Kurs vor einer Attacke ändern: Korrigiert sie die Geldschöpfung, bevor es zu einem spekulativen Angriff kommt, könnte sie diese - aus Sicht der ersten Modellgeneration - vermeiden. Dauert ein Verlust von Währungsreserven an, nimmt die Wahrscheinlichkeit einer spekulativen Attacke zu, da die *Verteidigungsfähigkeit* hinsichtlich des Wechselkurses sinkt (*Krugman* 1979). Der Zeitpunkt einer Attacke hängt ab von der Stärke der monetären Überversorgung und vom Anteil der ausländischen Kreditkomponente an der Geldbasis. Nach *Flood* und *Garber* (1984;

Flood und *Marion* 1996; 1998) bilden die Kapitalanleger aus diesen Informationen Erwartungen, wie sich ein freier Wechselkurs potentiell entwickeln würde. Wertet diese „shadow exchange rate" über den Festkurs hinaus ab, formieren sich die Kapitalanleger zu einer spekulativen Attacke.

Die ersten Ansätze sind verschiedentlich differenziert und ergänzt worden (s. *Agénor, Bhandari* und *Flood* 1992). Empirische Tests zeigen, daß die erste Generation geeignet ist, spekulative Attacken in den 80er Jahren in Lateinamerika zu erklären - also dort, wo bei festen Wechselkursversprechen eine andauernde monetäre Überversorgung zu beobachten war (*Dornbusch, Goldfajn* und *Valdés* 1995). Die Wechselkurskrisen im Europäischen Währungssystem (EWS) von 1992 und 1993 und die Krise des mexikanischen Peso 1994 bereiten dagegen diesen Modellen Erklärungsschwierigkeiten: So waren im Fall des EWS Italien und Großbritannien das Ziel von spekulativen Attacken. Diese wären als relativ 'große' Devisenländer aber in der Lage gewesen, Devisenabflüsse zu sterilisieren, weil sie unter anderem durch die EWS-Beistandsabkommen über sehr hohe Zugriffsmöglichkeiten auf Devisenreserven verfügen konnten. Zudem erfüllen auch die geldpolitischen Bedingungen nicht die Voraussetzungen der ersten Modellgeneration: Die geldpolitischen Differenzen in den abwertungsverdächtigen Ländern waren nicht ohne weiteres inkonsistent mit den Währungsparitäten im EWS (*Ozkan* und *Sutherland* 1995). Die Inflationsdifferenzen der von den Währungskrisen besonders betroffenen EWS-Teilnehmer zu Deutschland waren Ende der achtziger Jahre deutlich gesunken (vgl. Abbildung 1).

Abbildung 1: Inflationsabstand zu Deutschland
(Differenz des Anstiegs der Verbraucherpreise zu Deutschland)

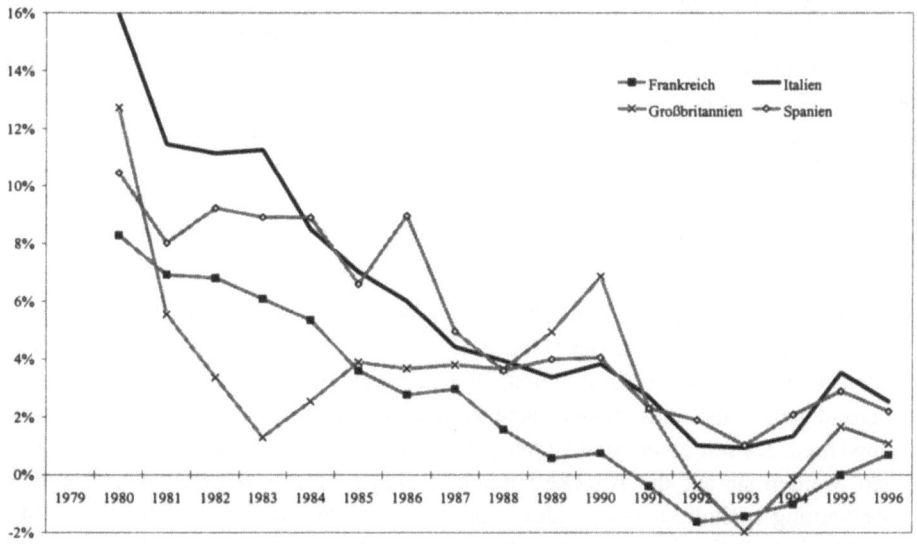

Datenquelle: SVR (1997, Tabelle 16*, S. 309).

Im Falle Argentiniens, das von der mexikanischen Peso-Krise angesteckt wurde ('Tequila-Effekt'), war die monetäre Versorgung nach Einführung des Currency Board-Systems ebenfalls keineswegs überdimensioniert. Dennoch kam es nach der Krise des mexikanischen Peso zu einer Ansteckung der argentinischen Devisenmärkte. Warum es trotz einer auf den ersten Blick glaubwürdigen Geldpolitik zu diesem Angriff gekommen ist, läßt sich nicht mit der ersten Modellgeneration erklären (*Ozkan* und *Sutherland* 1998).

2.2. Verteidigungsbereitschaft der Währungspolitik: Die zweite Generation

Impulse zur Weiterentwicklung der Theorie spekulativer Attacken entstanden vor allem aus der Berücksichtigung von Unsicherheit hinsichtlich des Verhaltens der Zentralbank. Die *zweite Generation* der Theorie spekulativer Attacken systematisiert diesen Aspekt, indem sie wirtschaftspolitisches Verhalten expliziert. Die Wechselkursfixierung wird nicht länger als eine unveränderliche Zusage der Wirtschaftspolitik angesehen, die nur dann aufgegeben wird, wenn die Währungsreserven verlorengehen. Vielmehr wird die Wechselkurszusage der Politik als situationsabhängig betrachtet (*Flood* und *Marion* 1998). Wirtschaftspolitik ist damit nicht mehr nur ein Datum, an dem die Kapitalanleger ihre Erwartungen rational ausrichten. Die Kapitalanleger müssen nun damit rechnen, daß das Wechselkursversprechen auch aus anderen Gründen als dem Reservenschwund aufgekündigt werden kann. Das Verhalten der Devisenmarktakteure hängt damit nicht mehr nur von objektiv feststellbaren wirtschaftspolitischen Inkonsistenzen, sondern auch davon ab, wie die Devisenmarktakteure das Verhalten der Wirtschaftspolitik einschätzen.

Die Rolle dieser Erwartungen für spekulative Attacken läßt sich mit einem spieltheoretischen Beispiel erläutern (*Obstfeld* 1996, S. 4ff.): Unterstellt seien zwei inländische Devisenmarkthändler und eine Zentralbank. Die Devisenmarktakteure verfügen jeweils über sechs inländische Geldeinheiten ($M^1 = M^2 = 6$), die sie entweder halten oder bei der Zentralbank zum Wechselkurs von 1:1 in ausländische Währung eintauschen können. Als Transaktionskosten eines Währungsumtauschs wird - unabhängig vom Tauschvolumen - eine Währungseinheit angenommen. Unterstellt wird ferner, daß die Inlandswährung um 50% abgewertet wird, wenn die Zentralbank den Wechselkurs nicht mehr verteidigen kann. Abhängig von der Höhe der Währungsreserven, ergeben sich unterschiedliche spieltheoretische Gleichgewichte am Devisenmarkt:

- Im ersten Fall verfüge die Zentralbank über Währungsbestände, die insgesamt größer sind, als die Geldbestände der Händler ($R^{ZB} = 20 > M^1 + M^2$). In diesem „High Reserve Game" kann die Zentralbank den Wechselkurs gegen spekulative Attacken verteidigen. Selbst eine gemeinsame Attacke beider Akteure kann die Zentralbank abwehren. Da mit einer Attacke bei den Händlern jeweils Transaktionskosten anfallen, werden sie auf die Attacke verzichten: Jeder Spieler würde, wenn er auf eine Abwertung spekuliert, eine Währungseinheit verlieren. Das Nash-Gleichgewicht ist im Nord-West-Quadranten erfüllt. Halten ist deshalb die dominierende Strategie der Händler.

High Reserve Game:
($R^{ZB} = 20$)

Händler 1
($M^1 = 6$)

	Händler 2 ($M^2 = 6$)	
	Halten	Verkaufen
Halten	0 / 0	0 / -1
Verkaufen	-1 / 0	-1 / -1

- Im zweiten Fall verfügt die Zentralbank über Währungsbestände, die ebenso groß sind wie die Geldbestände eines einzelnen Händlers ($R^{ZB} = 6 = M^1 = M^2$). In diesem „Low Reserve Game" kann jeder Händler unabhängig vom Handeln des anderen Händlers den Wechselkurs kippen. Als Gewinn (in Inlandswährung) fällt dabei der Abwertungsgewinn von 50% abzüglich der Transaktionskosten an (6 * 0,5 – 1 = 2). In diesem Fall wird für beide Händler „Verkaufen" zur dominierenden Strategie. Beide werden attackieren und sich folglich den Gewinn teilen müssen. Als Gewinn entsteht jeweils eine halbe Geldeinheiten (= 3 * 0,5 – 1). Das Nash-Gleichgewicht ist im Süd-Ost-Quadranten erfüllt. Es kommt unvermeidlich zu einer spekulativen Attacke.

Low Reserve Game:
($R^{ZB} = 6$)

Händler 1
($M^1 = 6$)

	Händler 2 ($M^2 = 6$)	
	Halten	Verkaufen
Halten	0 / 0	0 / 2
Verkaufen	2 / 0	0,5 / 0,5

- Von eigentlichem Interesse ist der dritte Fall des „Intermediate Reserve Game". Hier verfügt die Zentralbank über Währungsbestände, die größer sind als die eines einzelnen Händlers, aber kleiner als die Bestände beider Händler zusammen ($R^{ZB} = 10 > M^1 = M^2$; $R^{ZB} = 10 < M^1 + M^2$). In diesem Spiel ist das Ergebnis unbestimmt: Der einzelne Händler ist nicht in der Lage die Abwertung herbeizuführen; er würde bei einer Soloattacke einen Verlust um die Transaktionskosten erleiden. Attackieren hingegen beide, erzielt jeder einen Gewinn von 3/2 Geldeinheiten ([10 / 2 * 0,5 – 1] = 1,5).

Intermediate Reserve Game:
($R^{ZB} = 10$)

Händler 1
($M^1 = 6$)

	Händler 2 ($M^2 = 6$)	
	Halten	Verkaufen
Halten	0 / 0	0 / -1
Verkaufen	-1 / 0	1,5 / 1,5

In diesem Fall bestehen zwei Gleichgewichte: Gehen die Händler davon aus, daß der jeweils andere nicht verkauft, wird der Wechselkurs überleben, ohne daß es zu einer Attacke kommt (Nord-West-Quadrant). Gehen die Händler aber davon aus, daß der jeweils andere verkauft, kommt es zu einer spekulativen Attacke, die die Zentralbank nicht abwehren kann. Die Wechselkursfixierung wird bei dieser Erwartungslage schließlich aufgegeben (Süd-Ost-Quadrant).

Der dritte Fall ist insofern interessant, als in diesem erstens die Reserveposition nationaler Zentralbanken gegenüber den privaten Devisenmarktakteuren realistischer beschrieben wird als in den ersten beiden Fällen. Bei freien internationalen Finanzmärkten reichen die Währungsreserven der Notenbanken nicht aus, um sich dauerhaft gegen einen Devisenmarkttrend zu stemmen (vgl. *Wyplosz* 1998, S. 16). Zweitens treten in diesem Fall multiple Gleichgewichte am Devisenmarkt auf. Welches Gleichgewicht realisiert wird, hängt von den Erwartungen der Devisenmarktteilnehmer ab. Egal, ob die Devisenmarktakteure auf Halten oder Verkaufen setzen, ihre Erwartungen werden sich erfüllen, d.h. es liegt ein Fall von sich selbst erfüllenden Erwartungen vor. Während also im ersten und zweiten Fall eine Gleichgewichtslösung streng determiniert ist, bleibt das Ergebnis im dritten Fall offen.

Die Handlungen sind aber keinesfalls als unbegründet spekulativ zu verstehen. Zum entscheidenden Faktor, der bestimmt, welche Aktionen die Händler von anderen Händlern erwarten, wird nun die Wirtschaftspolitik. Besteht etwa die Möglichkeit, daß die wirtschaftspolitisch Verantwortlichen von ihrem Wechselkursversprechen schon vor dem Verlust der Währungsreserven abweichen, dann müssen die Devisenmarktakteure dieses Risiko in ihre Erwartungen einbeziehen. Damit werden die Handlungsmaximen und die Handlungsrestriktionen der Wirtschaftspolitik zum entscheidenden Orientierungspunkt für die Erwartungen der Devisenmarktakteure und den Wechselkurs.

Während die Modelle der ersten Generation ausschließlich die *Fähigkeit* der Zentralbank betrachten, einen festen Wechselkurs mit Währungsreserven zu verteidigen, bezieht die zweite Modellgeneration somit die *Bereitschaft* der Regierung ein, den Wechselkurs abzusichern. Geht man davon aus, daß sich die Wirtschaftspolitik an verschiedenen Zielen (Beschäftigung, Preisniveau, Zinsen, Wachstum, Verteilung) orientieren kann, könnte es zwischen diesen zu trade off-Beziehungen kommen. Besteht ein trade off zwischen dem Wechselkursversprechen und anderen wirtschaftspolitischen Zielen, stellt sich für die Devisenmarktakteure die Frage, welchen Preis die Wirtschaftspolitik hinnehmen wird, um für den Wechselkurs einzustehen. Es kann dazu kommen, daß zwar die Fähigkeit der Wirtschaftspolitik hinreichend groß ist, um den Wechselkurs zu verteidigen, die Devisenmarktakteure aber vermuten, daß die Regierung die Opportunitätskosten der Verteidigung als zu hoch ansieht und folglich den Wechselkurs aufgeben könnte (*Obstfeld* 1994).

Unter diesen Annahmen kann das Verhalten der Regierung aus dem Blickwinkel eines Kosten-Nutzen-Kalküls analysiert werden. Hierzu sind Kosten und Nutzen eines festen Wechselkurses aus Sicht der Wirtschaftspolitik abzuschätzen.

– Als *Vorteile* eines festen nominellen Wechselkurses werden erstens sinkende Währungsumtauschkosten angesehen, durch die der Außenhandel und Auslandsinvestitionen gefördert werden. Zweitens kann ein fester Wechselkurs die Geldpolitik disziplinieren, wenn der Wechselkurs als Anker der Stabilitätspolitik fungiert. Drittens stabilisieren feste Wechselkurse den Wert von Auslandsverbindlichkeiten. Viertens werden feste Wechselkurse von Politikern häufig als Zeichen des nationalen Stolzes und der internationalen Kooperation wählerwirksam festgeschrieben (*Weber* 1994; *Krugman* 1997). Schließlich wird von einer Wechselkursfixierung erwartet, daß fundamental unbegründete Schwankungen des nominellen Wechselkurses verhindert und so unnötige Reallokationen vermieden werden können (*Frankel* 1997, S. 154f.).

Besonders die beiden ersten Vorteile werden immer wieder als wesentlich für Transformationsländer angeführt. So könnten durch eine Wechselkursfixierung der internationale Preiszusammenhang und geldpolitische Reputation rasch importiert werden.

- Die *Kosten* eines festen Wechselkurses fallen vor allem als 'Verzichtkosten' an. Mit der Wechselkursfixierung verzichtet die Regierung (gewollt) auf eine aktive Verwendung der Geld- und Fiskalpolitik und (ungewollt) auf den Wechselkurs als Preismechanismus. Die Regierung muß auf den aktiven Einsatz der Geldpolitik als konjunktur- oder beschäftigungspolitisches Instrument verzichten, will sie den Wechselkurs nicht gefährden. Ebenfalls besteht nicht die Möglichkeit, über eine expansive Geldpolitik den Realwert der öffentlichen Inlandsverschuldung zu senken, da die für eine inflatorische Entschuldung erforderliche expansive Geldpolitik mit dem Wechselkurs in Konflikt käme. Bezüglich der gesamtwirtschaftlichen Anpassungsfähigkeit erfordert ein nominell fixierter Wechselkurs eine höhere Güter- und Faktorpreisflexibilität bei externen - asymmetrischen - Schocks, da der Wechselkurs als Teil des gesamtwirtschaftlichen Preiszusammenhangs ausgeschaltet ist.

Hieran zeigt sich nun das Dilemma der Wirtschaftspolitik: Steht ein fester Wechselkurs unter Abwertungsverdacht, werden die inländischen Zinsen steigen, um den Abwertungsaufschlag des Swapsatzes in der Zinsparität auszugleichen. Höhere Inlandszinsen verteuern aber die öffentliche Verschuldung; der finanzielle Spielraum der Regierung wird enger. Für die privaten Haushalte und Unternehmen lassen höhere Inlandszinsen Crowding Out-Effekte erwarten. Im Bereich der Unternehmen wird deren Investitionstätigkeit sowohl bei den laufenden wie auch bei geplanten Projekten geschwächt. Im Bereich der Banken führt die Veränderung der Kapitalwerte der laufenden Investitionsprojekte zu einem erhöhten Rückstellungsbedarf; es drohen zusätzliche uneinbringliche Forderungen. Für den Staatshaushalt bedeutet dies: Mit dem drohenden Investitions- und Beschäftigungsrückgang wie auch mit der Gefahr von Bankeninsolvenzen verringert sich der fiskalpolitische Handlungsspielraum.

Umgekehrt hätte auch eine Freigabe des Wechselkurses Einfluß auf den Handlungsspielraum der Politik: Droht eine Wechselkursabwertung, ist im Vorfeld mit einem starken Abfluß von Kapital zu rechnen. Damit gerät aber die Leistungsbilanzposition eines Landes unter Finanzierungsdruck. Insbesondere bei einem starken Nettokapitalabfluß wird ein kurzfristiger Rückfluß der Kapitalströme eine Umkehr der Leistungsbilanz erzwingen. Dies bestätigen die Erfahrungen mit Währungskrisen, in deren Verlauf sich die Leistungsbilanz in der Regel aktiviert (*Wyplosz* 1998). Dies ist aber nicht einer erhöhten Wettbewerbsfähigkeit der inländischen Exporteure zuzuschreiben, sondern ist vielmehr die Konsequenz der Passivierung der Kapital- und Devisenbilanz. Wenn aber nicht mit einem raschen Zuwachs der Exporte gerechnet werden kann, wird die Aktivierung der Leistungsbilanz durch den Rückgang der kreditfinanzierten Importe erzwungen. Ein solcher Rückgang schwächt die Investitionstätigkeit der Unternehmen. Kommt es zur Abwertung, verteuern sich zudem die Auslandsverbindlichkeiten des Staates sowie des privaten Sektors. Problematisch ist die Abwertung auch für die Geldpolitik. Dient der feste Wechselkurs als Stabilitätsanker, droht mit der Abwertung ein Vertrauensverlust mit höherer Inflation und negativen Konsequenzen für die inländische Wirtschaftsaktivität, also auch für den Handlungsspielraum der Politik. Dem könnte die Zentralbank durch eine kontraktive Geldpolitik entgegenwirken, doch wäre diese wiederum mit restriktiven gesamtwirtschaftlichen Effekten verbunden.

Steht der Wechselkurs also unter Druck, schränken beide Reaktionsmöglichkeiten der Währungspolitik zunächst den fiskalpolitischen Handlungsspielraum ein. Auf den ersten Blick scheint es sich also bei der Wahl für oder gegen einen festen Wechselkurs um ein einfaches Optimierungsproblem der Regierung zu handeln. Die zweite Generation von Modellen spekulativer Attacken geht aber davon aus, daß die privaten Devisenmarktakteure das Optimierungsproblem der Regierenden bei ihren Entscheidungen berücksichtigen. Die Kosten-Nutzen-Analyse wird für die Regierung hierdurch komplexer, da zwischen der Erwartungsbildung von Regierung und Anlegern eine Interdependenz besteht.

Kalkulieren die privaten Anleger die Kosten-Nutzen-Erwägungen der Regierung ein, besteht stets eine gewisse Wahrscheinlichkeit, daß der Regierung die Kosten der Verteidigung des Festkurses zu hoch sind und die Bereitschaft schwindet, den Wechselkurs zu halten. In dieser Lage bestehen bei aufkeimenden Abwertungserwartungen mehrere Verhaltensmöglichkeiten: Die privaten Akteure könnten darauf setzen, daß die Wirtschaftspolitik den Wechselkurs verteidigt. Wenn sich die Verteidigungs*fähigkeit* nicht verändert hat, könnte das System ohne spekulative Attacke überleben. Spekulieren die privaten Anleger allerdings darauf, daß die Verteidigungs*bereitschaft* hinreichend geschwächt ist, werden sie die Währung attackieren, auch wenn die Verteidigungs*fähigkeit* (im Sinne der Bestandes an Währungsreserven) keinen Anlaß hierfür bietet - wie von der ersten Modellgeneration angenommen. Da die Attacke eine sichere Einwegspekulation bedeutet, bei der die Anleger höchstens die Transaktionskosten der Attacke riskieren, ist offen, welches Ergebnis entsteht. Es kann zu einer spekulativen Attacke kommen, sie muß aber nicht eintreten. Kommt es dazu, wird der Wechselkursanker aufgegeben werden müssen, obwohl dies - mit Blick auf die fundamentalen Wirtschaftsdaten - eigentlich (noch) gar nicht nötig gewesen wäre. Wie im 'Intermediate Reserve Game' hängt die Sicherheit des Wechselkurses davon ab, was die Devisenmarktakteure von den übrigen privaten Devisenmarktakteuren erwarten. Da sie diesen nicht in die Karten blicken können, bilden sie ihre Erwartungen über das Verhalten und die Reaktion der Wirtschaftspolitik.

Gelingt es der Regierung, eine Attacke abzuwehren, ist damit allerdings die Gefahr nicht vorüber: Kommt es zu einer exogenen Störung - etwa in Form einer konjunkturellen Abschwächung, steigender Arbeitslosigkeit, geringerer Steuereinnahmen, einer Terms of Trade-Verschlechterung oder steigender Weltmarktzinsen - ändert sich für die Regierung das Kosten-Nutzen-Verhältnis. Die Kosten des festen Kurses nehmen zu, die Bereitschaft, diesen Kurs zu verteidigen, wird folglich schwächer. Da dies die privaten Akteure erkennen, besteht mit jeder exogenen Störung die Möglichkeit einer neuen Attacke.

Anlaß für spekulative Attacken besteht also immer dann, wenn die Devisenmarktakteure in der Wirtschaftspolitik inkonsistentes Verhalten vermuten und die Dauer der Inkonsistenzen unsicher ist (*Krugman* 1997). Während die erste Generation ausschließlich die Geldpolitik und den Wechselkurs vergleicht, werden hier eine Fülle von Politikbereichen in das Kosten-Nutzen-Verhältnis eines festen Wechselkurses aus Sicht der Regierung einbezogen. Damit aber gilt: „Indeed, any economic objective that is conceivably part of the government's social welfare function and whose attainment involves a trade-off with the fixity of the exchange rate is a potential fundamentals candidate" (*Flood* und *Marion* 1998, S. 35).

Diese Überlegungen wurden zunächst angewendet, um die Krise des EWS von 1992/1993 zu erklären. Hierbei wurde insbesondere die Zinsentwicklung als Größe eingeführt, die im Kosten-Nutzen-Kalkül der Regierungen zu einem trade-off zwischen dem Wechselkursziel und anderen wirtschaftspolitischen Zielen führen kann (*Ozkan* und *Sutherland* 1995; 1998; *Dornbusch, Goldfajn* und *Rodrigo* 1995, *Krugman* 1997): Als nach der Wiedervereinigung in Deutschland die Zinsen anstiegen, hatte dies auch für die Nachbarstaaten Konsequenzen. Die Aufwertungstendenz der D-Mark führte zu Spannungen innerhalb des EWS. Insbesondere Frankreich, Italien und Großbritannien gerieten 1992 und 1993 in den Strudel einer spekulativen Attacke, deren Ursache nicht in einer inkonsistenten Geldpolitik zur D-Mark bestand. Allerdings befanden sich die westeuropäischen Staaten damals bei hoher Arbeitslosigkeit in einer konjunkturell schwachen Lage. Zur Verteidigung der Wechselkurse wäre eine Anhebung der Zinsen nach dem deutschen Muster erforderlich gewesen. Um die angespannte Konjunktur nicht zusätzlich zu belasten und um höhere Arbeitslosigkeit zu vermeiden, lag es im Interesse der italienischen und der britischen Regierung, den Zinsanstieg zu vermeiden. Die Devisenmarktakteure standen damit vor dem Abschätzungsproblem, wie hoch die Wachstums- und Beschäftigungsverluste im Vergleich zu den Vorteilen des Festkurses aus der Sicht der Regierungen waren. Im Nachhinein scheinen die Devisenmarktakteure davon überzeugt gewesen zu sein, daß die Kosten zu hoch waren. Die Anleger gingen davon aus, daß sich für die britische und die italienische Regierung das Kosten-Nutzen-Verhältnis des EWS-Festkurses zuungunsten des Wechselkursversprechens verschoben hatte. Die Verteidigungsbereitschaft erschien nicht mehr hinreichend hoch, so daß Abwertungsspekulationen die Aussicht auf Erfolg boten. Es kam zu spekulativen Attacken innerhalb des Europäischen Währungssystems. Großbritannien und Italien verließen 1992 den Wechselkursmechanismus, die Währungen von Spanien und Portugal wurden abgewertet. Als das EWS im darauf folgenden Jahr erneut in eine Krise geriet, wurden schließlich die Bandbreiten von ±2,25 % auf ±15 % erweitert. Danach bewegten sich die Wechselkurse der Währungen, die am Wechselkursmechanismus teilnahmen, nahe an dem ursprünglichen engeren Korridor.

Die zweite Modellgeneration führt mit dem Aspekt der Verteidigungs*bereitschaft* einen Faktor ein, mit dessen Hilfe die Dimensionen der Politikinkonsistenzen erweitert werden. Mit diesem Argument wird angeknüpft an die Funktionsbedingungen eines Festkurssystems, die bereits *F. A. Lutz* (1935) für einen internationalen Goldstandard formuliert hat. Dieser kann auf Dauer nur dann funktionieren, wenn die einzelnen Länder auf eine aktive Konjunkturpolitik verzichten und ihre *gesamte* Wirtschaftspolitik dem Primat der Zahlungsbilanz unterordnen. Unterliegt die Wirtschaftspolitik hingegen der „stabilitätspolitischen Grenzmoral" (*Meyer* 1972), wird diese Gefahr einer Aufweichung des Stabilitätsziels durch spekulative Attacken angezeigt. Neben den traditionellen Erklärungen von Wechselkursschwankungen (Inflations- und Zinsdifferenzen) wird damit auf den Einfluß von Vertrauensdifferenzen für die Wechselkurserwartungen der Wirtschaftsakteure hingewiesen. In dieser Sicht kann es dann auch nicht überraschen, wenn wirtschaftspolitische Neuigkeiten - über das Wachstum und die Beschäftigung, über den Außenhandel und das öffentliche Budget oder über Zins- und Preisniveauveränderungen - immer wieder Turbulenzen an den Devisenmärkten auslösen können. Solche *News* zwingen nämlich die Devisenmarktakteure, ihre Erwartungen über die Verteidigungsbereitschaft der währungspolitischen Behörden zu überprüfen.

Für *Lutz* gilt Vertrauen als eine notwendige Bedingung für ein Festkursversprechen. Die zweite Generation bezieht dieses Vertrauen explizit in die ökonomische Analyse ein, indem versucht wird, Glaubwürdigkeit von Wirtschaftspolitik über ein Kosten-Nutzen- Verhältnis explizit zu modellieren. Statt allgemein davon auszugehen, daß die Devisenmarktakteure ihr Vertrauen in eine Währung verloren haben, werden von der Theorie spekulativer Attacken Faktoren angeboten, die politisches Handeln erklären. Allerdings besteht hierbei die Gefahr, daß eine Tautologie durch eine andere ersetzt wird. Wurde früher vielfach ein Vertrauensverlust immer dann - ex post - als Erklärung angeführt, nachdem ein fester Wechselkurs aufgegeben werden mußte, unterstellt insbesondere die zweite Modellgeneration, daß spekulative Attacken immer dann erfolgreich sind, wenn sich das Kosten-Nutzen- Verhältnis eines Festkurses für eine Regierung soweit verschlechtert, daß die eigenen Ziele gefährdet sind und die Devisenmarktakteure dies antizipieren. Auch diese Erklärungen haben vielfach ex post-Charakter, so wie es *Wyplosz* (1998) für eine eigene frühere Arbeit zur EWS-Krise von 1992 und 1993 selbst einräumt.

2.3. Marktversagen an den Finanzmärkten: Eine dritte Generation?

In jüngster Zeit bildet sich eine dritte Modellgeneration heraus. Ihre Besonderheit liegt darin, mit Hilfe der Informationsökonomik die Entstehung und die Reichweite von Devisen- und Finanzmarktkrisen auf Marktunvollkommenheiten zurückzuführen. Hierbei werden Währungskrisen und Finanzmarktkrisen in der Weise miteinander verknüpft, daß Funktionsmängel der Finanzmärkte mit den Devisenmärkten in Verbindung gebracht werden. Angenommen wird hierzu, daß Informationen auf Finanzmärkten asymmetrisch verteilt sind und dies eine effiziente Ressourcenlenkung erschwert. Informationsasymmetrien zwischen Gläubigern und Schuldnern führen hiernach zu adverser Selektion und Moral Hazard mit der Folge einer Einschränkung der Kreditvermittlung:[1]

---

[1] Vgl. *Stiglitz* und *Weiss* (1981); *Müller* (1995, 20 ff.) sowie *Richter* und *Furubotn* (1996, 201 ff.).

- Im Falle der *adversen Selektion* kennt der Kreditgeber die tatsächliche Ausstattung des Kreditnehmers schlechter als dieser seine eigene Lage. Bei einer Kreditvergabe kann es je nach der Ausstattung des Kreditnehmers zu unterschiedlichen Ergebnissen kommen (Abbildung 2a): Bei Ausstattung A_1 wird der Kreditvertrag durch den Kreditnehmer erfüllt; bei Ausstattung A_2 wird hingegen die eingegangene Verpflichtung vom Schuldner nicht vollständig erfüllt. Da das Wissen über die Ausstattung des Schuldners asymmetrisch zwischen Kreditnehmer und Kreditgeber verteilt ist, besteht die Gefahr, daß trotz einer A_1-Signalisierung der Schuldner tatsächlich nur A_2 erreichen kann. Um einen der Ausstattung A_2 entsprechenden Forderungsausfall zu vermeiden, neigt der Kreditgeber dazu, auch die Kreditanträge solcher Schuldner abzulehnen, die zwar tatsächlich über eine A_1-Qualität verfügen, dies aber dem Kreditgeber nicht glaubwürdig versichern können.

Abbildung 2a: Adverse Selektion - Nichtoffenlegung der Präferenzen vor Vertragsabschluß

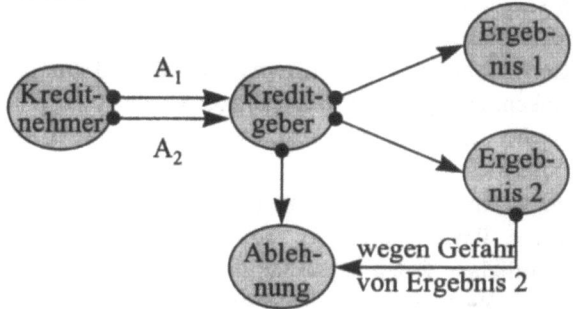

- Im Fall des *Moral Hazard* bezieht sich die Informationsasymmetrie auf das Verhalten nach Vertragsabschluß: Ob der Vertrag zwischen Kreditgeber und -nehmer erfüllt wird, hängt hiernach auch vom Verhalten (V) des Kreditnehmers nach der Bewilligung des Kredits ab. Vereinfacht könnte er sich so verhalten, daß er den Kredit bedient (V_1), oder eben nicht (V_2). Es besteht die Gefahr, daß der Kreditnehmer, nachdem er den Kredit erhalten hat, sich in der Weise moralisch fehlleiten läßt, daß er wegen überhöhter Risikoaktivität den Kreditverpflichtungen nicht nachkommen kann. Für den Kreditgeber besteht ein Ausfallrisiko, das vom Verhalten des Kreditnehmers abhängt. Diesen Moral Hazard des Kreditnehmers nach Vertragsabschluß kann der Kreditgeber vor Vertragsabschluß nicht hinreichend ausschließen. Er wird - so die Überlegung - mit diesem Risiko rechnen und annehmen, daß der Kreditnehmer die Verhaltensvariante V_2 auch dann wählt, wenn V_1 möglich wäre. Folglich werden auch wegen der Moral Hazard-Gefahr Kreditverträge mit Kreditnehmern abgelehnt, die V_1 gewählt hätten und dabei geblieben wären.

Abbildung 2b: Moral Hazard-Veränderung der Präferenzen nach Vertragsabschluß

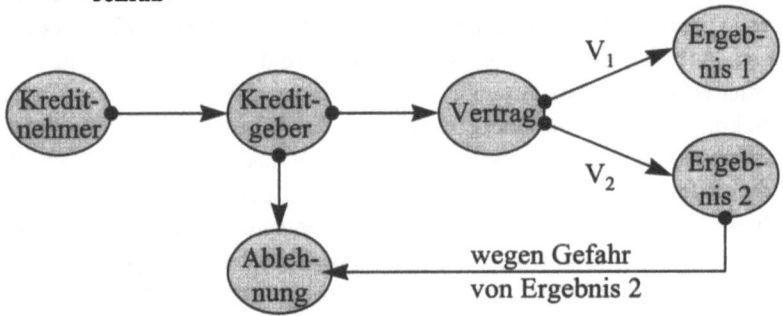

Diese Überlegungen zur Informationseffizienz von Finanzmärkten lassen sich nun auf den Fall drohender Finanz- und Devisenmarktkrisen anwenden. Steigende Zinsen können dazu führen, daß der Zinsmechanismus die Kreditnachfrage nicht knappheitsgerecht selektieren kann und die Kreditrationierung verschärft wird (*Stiglitz* und *Weiss* 1981): Bei steigenden Zinsen würden aber gerade die risikoreichen Kreditnehmer eher bereit sein, ihre Kreditnachfrage aufrechtzuerhalten, während die „guten Risiken" ihre Nachfrage einschränken. Die guten Kreditnachfrager werden so von den schlechten verdrängt. Die Kreditgeber erkennen dies und werden nach alternativen Verfahren zur Auswahl der Kreditnehmer suchen (*Mishkin* 1997). Neben dem Zins gewinnen administrative Rationierungsmethoden an Bedeutung. Diese mögen zwar das Risiko für den Kreditgeber reduzieren, ihnen mangelt es aber an einem knappheitsgerechten Bezug zum gesamtwirtschaftlichen Rechnungszusammenhang. Damit entsteht gesamtwirtschaftlich ein Bruch im Rechnungszusammenhang und es kommt zur Fehllenkung von Ressourcen. Fallen diese Kredite aus, kann über den Zusammenbruch einzelner Banken das gesamte Finanzsystem in eine Vertrauenskrise geraten und eine Finanzmarktkrise drohen.

Dieses informationsökonomische Herangehen an Währungs- und Finanzmarktkrisen wurde durch die Währungsturbulenzen in Südostasien angeregt. Insbesondere wird es für erklärungsbedürftig angesehen, warum Finanzkrisen häufig im Gefolge einer durchgreifenden finanziellen Liberalisierung aufgetreten sind (*Kaminsky* und *Reinhart* 1996; *Demirgüc-Kunt* und *Detragiache* 1997; IMF 1998). Angeführt wird, daß an den Finanzmärkten vor deren Liberalisierung zahlreiche Sicherheits- und Managementanforderungen unterentwickelt waren. Die frühere 'finanzielle Repression'[2] wirke insofern nach ihrer Beseitigung fort, weil Banken und sonstige Finanzintermediäre (noch) mit dem marktmäßigen Finanzgeschäft überfordert seien. Die Banken sind hinsichtlich ihrer Kompetenzen und Ausstattungen aber auch wegen einer unterentwickelten Ban-

---

[2] Der Begriff stammt von *McKinnon* (1973) und bezeichnet staatliche Finanzmarktregulierungen, die dazu dienen, die staatlichen Einnahmen zu erhöhen oder die Staatsausgaben zu senken. Als Instrumente gelten insbesondere staatliche Zinsregulierungen und Kapitalverkehrsbeschränkungen zur Domestizierung des inländischen Sparaufkommens (vgl. auch *Dooley* 1996, S. 641).

kenregulierung und Bankenaufsicht zu einer Fristen-, Losgrößen- und Risikotransformation in der Finanzintermediation nicht ohne weiteres fähig (*Mishkin* 1997, S. 83ff; *Frankel* 1997). Auch fehlt es an Erfahrungen mit der Absicherung von Währungsrisiken, weil die Kreditnehmer lange Zeit durch einen festen Wechselkurs dem Wechselkursrisiko entwöhnt worden sind (*Honohan* 1997, S. 7). Hierdurch sind liberalisierte Emerging Markets anfällig für Finanz- und Währungskrisen. An den Emerging Markets gehen die Finanzintermediäre aufgrund mangelnder Erfahrungen mit asymmetrischen Informationsverteilungen hohe Ausleihrisiken ein und laufen Gefahr, das Kreditgeschäft - relativ zur Prüfungs- und Überwachungskompetenz - übermäßig auszudehnen. Kommt es zu einem Schock - etwa einer Verschlechterung der Terms of Trade, zu einem Anstieg der Weltmarktzinsen oder zu einer Währungsattacke -, sind solche Märkte verwundbar für Banken- und Finanzkrisen.

Allerdings gehen diese Arbeiten zu den Unvollkommenheiten an Finanzmärkten von der Annahme aus, es könnte Finanzmärkte mit einer vollkommen symmetrischen Verteilung von Informationen geben. Finanzmärkte würden sich fundamental von Märkten für Güter und Dienstleistungen unterscheiden, weil „asymmetric information, incompleteness of contingent markets and bounded rationality ... are endemic to financial markets" (*Rodrik* 1998, S. 4). Dies aber übersieht erstens, daß auch an anderen Märkten Informationen nicht vollständig und kostenlos verfügbar sind. Damit stellt aber der Vergleich eines neoklassisch vollkommenen Marktes mit einem informationunvollkommenen Markt einen Nirwana-Ansatz dar. Geht man hingegen davon aus, daß Informationen stets nur unvollständig verfügbar sind und die Beschaffung von Informationen stets Kosten verursacht, so gelangt man zu einer weniger deterministischen Sicht der Funktionsprobleme von Finanzmärkten.

Zweitens übersieht die Kritik der Marktunvollkommenheiten an Finanzmärkten die Besonderheiten des Finanzmarktgeschäfts: Dieses liegt darin, daß Finanzmarkttransaktionen intertemporale Tauschbeziehungen, also Vereinbarungen über heutige Leistungen bei zukünftigen Gegenleistungen, zum Gegenstand haben. Solche Geschäfte haben im Gegensatz zum temporalen Tausch ein höheres Risiko, da sie eine Vorabbewertung der zukünftigen Gegenleistung erfordern und hierbei aus zwei Gründen höhere Unsicherheiten aufweisen (*Müller* 1995, S. 20):

1. Unsicherheiten ergeben sich aus dem wirtschaftlichen Risiko des Kreditnehmers. Dieses folgt aus den möglichen Erwartungsirrtümern des Kreditnehmers hinsichtlich der Verwendungsqualität der Kreditaufnahme. Bei investiver Verwendung müssen die erwarteten Einzahlungsüberschüsse, der Diskontierungsfaktor oder der Restwert der Investition abgeschätzt werden, um den Kapitalwert zu ermitteln. Änderungen wirtschaftlicher Daten, die den Kapitalwert verschlechtern, kann der Kreditnehmer nicht ausschließen. Sie bilden das wirtschaftliche Risiko der Kreditvergabe.

2. Unsicherheiten über das Verhalten des Kreditnehmers bilden das moralische Risiko der Kreditverwendung. Dieses wird von der Informationsökonomik beschrieben. Allerdings setzt das moralische Risiko die Existenz wirtschaftlicher Risiken voraus. Nur dann, wenn unvorhergesehene wirtschaftliche Risiken zum Kreditausfall führen

können, kann der Kreditnehmer ein wirtschaftliches Risiko vortäuschen und sich moralisch fehlleiten lassen. Ohne solche wirtschaftlichen Risiken könnte der Kreditgeber stets aus dem Ergebnis der Kreditverwendung auf das tatsächliche Verhalten des Kreditnehmers schließen. Bei sicheren Ergebnissen lassen sich asymmetrische Informationsverteilungen also lösen (*Richter* und *Furubotn* 1995, S. 207).

Da das wirtschaftliche Risiko die Vorbedingung des opportunistischen Verhaltens ist und darüber hinaus sich die asymmetrische Informationsverteilung auf das wirtschaftliche Risiko beziehen muß (der Kreditnehmer muß den Kreditgeber über das wirtschaftliche Risiko täuschen können), wird die Leistungsfähigkeit der Finanzmärkte hinsichtlich einer effizienten Kreditlenkung wesentlich davon abhängen, ob die Kreditnehmer das wirtschaftliche Risiko besser kennen als die Kreditgeber. Dies wird zumeist vermutet. Allerdings führen beide Risikoarten der Kreditvergabe bei den Gläubigern dazu, sich selbst um eine bessere wirtschaftliche Risikoabschätzung zu bemühen. Entsprechende Maßnahmen der Kreditgeber sind bekannt als die Kreditfähigkeitsprüfung. Sie meint im engeren Sinne die Abschätzung der Ertragskraft des Kreditnehmers einschließlich eines eventuellen Liquidationserlöses bei einem (teilweisen) Kreditausfall. Über diese Kreditfähigkeitsprüfung im engeren Sinne bestehen aber für die Kreditgeber zudem Anreize, solche Institutionen zu entwickeln, die für eine Kreditfähigkeitsprüfung besonders geeignet sind und die auch im Bereich der Gegenfinanzierung (bei der Kapitalbeschaffung durch den Kreditgeber) geeignet ist, die Probleme des Kreditgeschäfts zu mindern. Die Probleme des Kreditgebers liegen also darin, einerseits den Kreditnehmer einer sorgsamen Kreditfähigkeitsprüfung zu unterziehen und andererseits bei der Finanzierung die Aufgabe der Fristen-, Risiko- und Losgrößentransformation zu lösen.

Zwar lassen sich diese beiden Hauptprobleme der Kreditprüfung und der Finanzintermediation prinzipiell über direkte Marktbeziehungen lösen (*Spicher* 1997). Wenn aber die Märkte 'unvollkommen' sind, weil Informationen nicht vollständig und nicht kostenfrei verfügbar sind, kann die Entwicklung von inneren Institutionen im Marktgeschehen dazu beitragen, die Kosten des direkten Tauschs zu senken. Im Bereich der Produktion von Gütern und Dienstleistungen haben sich Unternehmen herausgebildet, um die Kosten der direkten Marktbeziehungen zu reduzieren (*Schüller* 1983; 1986). Gleiches gilt für die Finanzmärkte: An ihnen haben sich Finanzintermediäre herausgebildet, um die Kosten des unmittelbaren Markttausches zu senken. Finanzintermediäre wie Banken, Versicherungen, Rating-Agenturen und andere stellen Sicherungsinstitutionen im Marktgeschehen dar. Sie sind innere Institutionen, die die Unsicherheiten des direkten Marktverkehrs reduzieren sollen (*Müller* 1995, S. 24 ff.), indem sie - in der Sprache der Informationsökonomik - die Informationsasymmetrien und damit die wirtschaftlichen Risiken der Kreditvergabe mindern. Damit reduzieren sie aber auch die Anreize zu adverser Selektion und zum Moral Hazard (vgl. im einzelnen hierzu *Mishkin* 1997, S. 58 ff.). Die Finanzintermediäre verwenden hierzu vielfältige weitere innere Institutionen, so zum Beispiel Techniken der Kreditbesicherung, freiwillige Publizitätsverpflichtungen, Allgemeine Geschäftsbedingungen, interne und externe Methoden der Risikoabschätzung (Rating-Agenturen, Bilanzprüfungsverfahren) und langfristige Geschäftsbeziehungen. In den informationsökonomischen Ansätzen wird von dieser Sicherungsfunktion der Finanzintermediäre abstrahiert.

In welchem Ausmaß also Finanzmärkte anfällig für Fehllenkungen bei asymmetrischen Informationen sind, hängt davon ab, ob und wie gut es gelingt, geeignete innere Sicherungsinstitutionen aufzubauen, die dazu beitragen die beiden Hauptprobleme im Kreditgeschäft (Kreditprüfung und der Finanzintermediation) zu lösen.

Die Leistungsfähigkeit einer Kreditwürdigkeitsprüfung und damit das Ausmaß der wirtschaftlichen Risiken des Kreditnehmers hängen davon ab, welche Informationen in die Berechnung von Kapitalwerten einfließen. Die Kreditverwendung stellt grundsätzlich ein unternehmerisches Risiko dar. Im Zuge der Entdeckungsprozesse an Märkten ist daher stets neben erfolgreichen Investitionen auch mit gescheiterten Investitionen zu rechnen. Fehler im Rahmen des wettbewerblichen Such- und Entdeckungsprozesses bieten daher noch keinen Anlaß, gesamtwirtschaftlich systematische Defekte in der Kreditprüfung zu erwarten. Gesamtwirtschaftlich problematisch wird das Scheitern individueller Investitionsprojekte dann, wenn sich die individuellen Erwartungen über den Kapitalwert einer Kapitalanlage an Informationen orientieren, die systematisch verzerrt sind und eine entsprechend überhöhte optimistische (oder skeptische) Erwartungshaltung der Investoren begründen. Worin die Gründe für solche systematischen Fehlerwartungen über die Qualität einer Anlage liegen können, läßt sich an jenen Informationen systematisch darstellen, die einer Kapitalwertberechnung zugrunde liegen. Der Kapitalwert berechnet sich als Summe der jährlichen Einzahlungsüberschüsse (Einzahlungen$_i$ - Auszahlungen$_i$), die auf den Gegenwartswert der Kreditvergabe abdiskontiert werden. Der Diskontierungsfaktor $[(1+r)^{-t}]$ verwendet als Vergleichsrendite (r) die Opportunitätskosten der Kapitalanlage, in der Regel also den Kapitalmarktzins mit ähnlicher Laufzeit der Anlage. Hinzu kommt der Gegenwartswert des Restwertes der Kapitalverwendung:

$$Kapitalwert = \sum_{t=0}^{n}[(\text{Einzahlungen}_i - \text{Auszahlungen}_i)*(1+r)^{-t}] + \text{Restwert}*(1+r)^{-n}$$

Der Kapitalwert einer Investition hängt folglich von der tatsächlichen Entwicklung der Einzahlungen aus der Investition, den Investitionskosten, den Opportunitätskosten der Kapitalbindung und vom Restwert ab. Die Entwicklung dieser Komponenten des Kapitalwertes kann nun in der Gegenwart aus verschiedenen Gründen systematisch zu optimistisch eingeschätzt werden:

1. Die Einzahlungserwartungen können übertrieben hoch sein, wenn
   - die Verwendung der Mittel konsumtiv erfolgt und daher keine Einzahlungen zu erwarten sind. Dazu kommt es häufig dann, wenn der Staat als Kreditnehmer auftritt und die Mittel im Bereich von Rüstung und Militär oder zur Finanzierung von Lebensmittel- und Luxusgüterimporten verwendet werden;
   - die Absatzpreise im Inland durch Mindestpreisgarantien und Subventionen an die Produzenten unmittelbar verzerrt sind. Mittelbar führen monopolistische Markt-

positionen der Produzenten auf ihrem Absatzmarkt und staatlicher Importprotektionismus zu höheren inländischen Absatzpreisen der Produzenten;

- die Absatzpreise durch Exportsubventionen verzerrt sind oder ein unterbewerteter Wechselkurs höhere Absatzerlöse im Ausland signalisiert als sie zum realistischen Wechselkurs möglich sind.[3]

2. Die Erwartungen über die Kosten der Investition können systematisch unterschätzt werden, wenn

- Vorleistungen aus dem Inland staatlich subventioniert sind, besondere Steuervergünstigungen vorliegen oder die Preise der Vorleistungen künstlich als Höchstpreise fixiert sind;

- Vorleistungen aus dem Ausland durch einen überbewerteten Wechselkurs künstlich verbilligt werden und

- die Kosten des Faktors Arbeit künstlich niedrig gehalten werden.

3. Die Erwartungen über die Opportunitätskosten der Kapitalanlage (Kapitalmarktzinsen) können systematisch unterschätzt werden, wenn die Nominalzinsen künstlich durch Maßnahmen der „finanziellen Repression" niedrig gehalten werden oder wenn der Realzins durch Inflation niedrig oder gar negativ ist.

4. Die Erwartungen über den Restwert können systematisch überhöht sein, wenn die Märkte für Investitionsgüter und Immobilien durchgehend überhöhte Preise aufweisen. Solche Preisentwicklungen werden bildlich als „Blasenbildungen" an den Immobilienmärkten gesehen. Der Restwert ist dabei für die Kreditfinanzierung nicht nur am Ende der Laufzeit wesentlich. Sinkt der Restwert während der Finanzierung bereits erheblich, kann dies zum Abbruch des Investitionsprojekts führen, da die Kredite häufig über diesen Restwert besichert werden (Immobilienverpfändung).

Schließlich werden überhöht optimistische Investitionserwartungen dann zu erwarten sein, wenn die Kreditnehmer oder die Kreditgeber erwarten, daß im Falle einer Insolvenz ein staatlicher lender of last resort in Anspruch genommen werden kann, der die Bilanz willfährig ausgleicht.

Systematisch überhöhte optimistische Investitionserwartungen sind daher insbesondere durch Regulierungen der Inlandsmärkte zu erwarten. Verändern sich diese Signale im Durchführungszeitraum der Investitionsprojekte, erweisen sich vielfältige Investitionsvorhaben als unrentabel. Die Kredite können dann von den Schuldnern nicht länger bedient werden; es kann zur Finanzmarktkrise kommen. Aber selbst wenn Investitionen die verzerrten Preissignale überdauern, bedeutet dies nicht, daß diese Investitionsprojekte gelungen sind. Dies mag zwar für den einzelnen Investor gelten, für die Gesamt-

---

[3] Bei einem unterbewerteten Wechselkurs und einer Fakturierung in Auslandswährung ist der Erlös je Einheit höher als nach einer Aufwertung hin zum realistischen Wechselkurs. Der unterbewertete Wechselkurs signalisiert also überhöhte Erlösmöglichkeiten je Verkaufseinheit sowie eine höhere preisliche Wettbewerbsfähigkeit als ein (aufgewerteter) realistischer Wechselkurs.

wirtschaft aber bedeuten künstlich überhöhte Kapitalwerte eine Fehllenkung von Ressourcen in solche Bereiche, in denen die gesamtwirtschaftlichen Kosten die Erlöse übersteigen.

Ob es also gelingt, die Kredite in eine gesamtwirtschaftlich rentable, knappheitsmindernde Verwendung zu lenken, hängt damit ganz wesentlich vom Zustand der inländischen Güter- und Faktormärkte ab. Die Leistungsfähigkeit der Kreditprüfung steht aber in Verbindung zur Finanzintermediation: Kommt es zu einer systematischen Fehlbewertung der Kapitalwerte, orientieren sich die Finanzintermediäre bei den Anforderungen an die Fristen-, Losgrößen- und Risikotransformation an zu geringen Risiken, sie werden ihre Sicherungstätigkeiten geringer halten, etwa wenn es darum geht, durch eine zeit- und losgrößenkongruente Finanzierung das Gefahrenpotential für das eigene Haus zu reduzieren.

Geht man davon aus, daß die Entstehung und die Leistungsfähigkeit der inneren Institutionen der Finanzmärkte von der Ausgestaltung der äußeren Institutionen des Marktgeschehens abhängen (vgl. Abbildung 3), so sind die letzteren daraufhin zu untersuchen, ob die Finanzmarktordnung eine leistungsfähige Finanzmarktintermediation ermöglicht. Der Einfluß der oben beschriebenen Regulierungen der Güter- und Faktormärkte auf die Kapitalwertrechnung und Finanzintermediation zeigt dabei, daß die von der Informationsökonomik behaupteten Marktmängel an den Finanzmärkten institutionell zu hinterfragen sind. Fehllenkungen an den Finanzmärkten erweisen sich hiernach als eine Folge regulierter Märkte. Bei einer starken Vermachtung der Kapitalmärkte, Haftungsbeschränkungen der Banken durch staatliche Bürgschaften und bei Haftungs- und Wettbewerbsbeschränkungen an den Gütermärkten mangelt es den Finanz- und Gütermärkten an Wettbewerb und an exklusiven Eigentumsrechten. Unter solchen Bedingungen ist kaum damit zu rechnen, daß sich leistungsfähige innere Institutionen des Marktgeschehens herausbilden, dann sind Fehllenkungen mit der Folge einer überhöhten Verschuldung programmiert. Ursache der beklagten Fehlentwicklungen an den Finanzmärkten sind aber nicht Marktmängel, sondern ist ein Mangel an Markt und Wettbewerb.

Abbildung 3: Der Zusammenhang von äußeren und inneren Institutionen im Kreditgeschäft

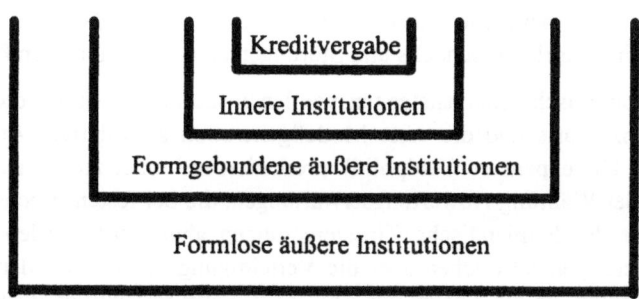

Quelle: *Müller* (1995, S. 34).

Da es sich bei den Währungs- und Finanzmarktkrisen der jüngsten Zeit aber um grenzüberschreitende Krisenerscheinungen in der Kapitallenkung handelt, sind nicht nur die Güter- und Faktormärkte in den Empfängerländern auf Regulierungen der Finanzintermediation und der Kapitalbewertung hin zu analysieren. An den internationalen Finanzmärkten besteht in dieser Hinsicht ein doppeltes Intermediationsproblem: Häufig treten Finanzintermediäre aus unterschiedlichen Wirtschaftsordnungen miteinander in Geschäftsbeziehungen. Nimmt eine Inlandsbank am internationalen Kapitalmarkt Finanzmittel auf, so erfolgt dies häufig entweder am Interbankenmarkt oder in Form von internationalen Anleihen, die zunächst von Auslandsbanken plaziert werden. Die Probleme der Finanzmarktintermediation werden hierbei zwischen In- und Ausland aufgespalten: Im Inland vergibt die Bank des Emerging Market aus dem Anleiheaufkommen Kredite an Inländer, wobei sie regelmäßig eine Fristen-, Losgrößen- und Risikotransformation vornimmt. Im Bereich der Risikotransformation wird dabei das Wechselkursrisiko in das Rückzahlungsrisiko integriert. Die ausländischen Banken hingegen werden zur Refinanzierung der Anleihe wiederum zumindest eine Losgrößentransformation durchführen, indem sie übernommene Anleihen weiterverkaufen. Bei Interbankenkrediten kommt die Fristentransformation hinzu. Eine Risikotransformation besteht darin, daß die ausländischen Banken das Ausfallrisiko gegenüber der inländischen Bank eingehen. Verantwortlich für eine erfolgreiche Finanzmarktintermediation sind demnach nicht nur die inländischen Banken, sondern auch die ausländischen Kreditgeber.

Spätestens seit den Finanzmarktturbulenzen in Südostasien ist auch danach zu fragen, warum international tätige Banken in Länder, die für eine weitreichende staatlich beeinflußte Kreditlenkung bekannt waren, Kredite ohne besondere Sicherungsvorkehrungen vergeben haben. Als Erklärung werden Neigungen zum „Herdenverhalten" und zur „Kurzsichtigkeit" der internationalen Finanzmärkte angeboten. Diese Erklärungen können aber nicht überzeugen: Opportunistisches Verhalten von Marktakteuren läßt sich am ehesten mit Haftungsmängeln erklären; die Opportunisten müssen die Konsequenzen ihres Handelns nicht vollständig selbst tragen. Haftungsdefizite dürften aber nicht nur bei den Finanzintermediären in den Emerging Markets, sondern auch bei den international agierenden Finanzintermediären festzustellen sein.

2.4. Indikatoren für Währungskrisen

Aus den verschiedenen Modellen zur Beschreibung von Währungs- und Finanzkrisen lassen sich drei wesentliche Auslöser unterscheiden: Makroökonomische Inkonsistenzen, außenwirtschaftliche Schocks und Störungen an den inländischen Finanzmärkten.

- Makroökonomische Inkonsistenzen werden insbesondere durch die monetäre Zahlungsbilanztheorie und die erste Modellgeneration spekulativer Attacken beschrieben. Eine überexpansive Geldpolitik produziert mit einer zunehmenden realen Aufwertung der Währung Abwertungserwartungen, die bei festen Wechselkursen längerfristig nur durch inländische Zinssteigerungen abgewehrt werden können. Solche Zinssteigerungen schwächen aber die Verteidigungsbereitschaft der währungspolitischen Agenten, da die Kosten der Abwehr in Form restriktiver Wirkungen auf Investitionen und Beschäftigung sowie eines verminderten fiskalpolitischen Handlungsspielraums zunehmen.

- Außenwirtschaftliche Schocks können in Verbindung mit steigenden Weltmarktzinsen oder mit der Verschlechterung der Terms of Trade anfallen. Steigende Weltmarktzinsen verteuern die bestehende Auslandsverschuldung, soweit für diese floating interest rates vereinbart worden sind. Dies löst ceteris paribus einen Druck auf den Wechselkurs aus, da die Zinszahlungen an das Ausland steigen und ein Kapitalabzug aus dem Inland droht. Steigende Inlandszinsen belasten darüber hinaus die Investitionspläne; Banken werden zu Wertberichtigungen und erhöhten Rückstellungen gezwungen, da sich die Qualität ihrer Forderungen gegenüber den Unternehmen verschlechtert. Im Falle einer Verschlechterung der Terms of Trade - etwa durch einen Rückgang der Exportpreise der inländischen Unternehmen - kommt es über verschlechterte Ertragsaussichten der Unternehmen zu Investitionseinbrüchen und zu einer Wertberichtigungsverpflichtung für Kreditgeber. Zusätzlich vermindern sinkende Exporterlöse den Wert von Kreditsicherheiten.

- Störungen an den inländischen Finanzmärkten lenken den Blick auf die Bankenregulierung und Bankenüberwachung. Besteht vor einer Liberalisierung der inländischen Finanzmärkte eine vergleichsweise unterentwickelte Bankenregulierung hinsichtlich der Zulassungsregeln, Publizitätspflichten oder Einlagensicherungsvorschriften, droht mit einer finanziellen Liberalisierung im Kreditsektor die Anhäufung von 'schlechten' Risiken. Diese wird bei einer Zinssteigerung infolge einer makroökonomischen Inkonsistenz oder eines außenwirtschaftlichen Schocks durch das beschriebene Kreditrationierungsphänomen noch verstärkt. Damit ist der Kreditsektor aber dafür anfällig, daß sich die Konsequenzen von Bankeninsolvenzen auf andere Kreditinstitute übertragen und es zu Finanzmarktkrisen kommt.

Finanzmarktkrisen wirken dabei zurück auf die Devisenmärkte, da sie selbst wiederum Ursachen für Abwertungserwartungen sind, insbesondere dann, wenn die Gefahr einer Finanzmarktkrise die Verteidigungsbereitschaft im Hinblick auf den Wechselkurs schwächt. Die Regierung steht letztlich in einer solchen Konstellation in einem Dilemma: Vermeidet sie die Abwertung durch Interventionen mit Währungsreserven und Zinssteigerungen, kann darauf eine Finanzmarktkrise folgen. Gibt sie der Abwertung nach, ist eine Finanzmarktkrise ebenfalls nicht auszuschließen: Die Abwertung der nationalen Währung bewirkt eine Verteuerung der Auslandsverschuldung; steigende Zins- und Tilgungsverpflichtungen (in nationaler Währung) gefährden wiederum die öffentlichen und privaten Schuldner der Auslandskredite.

Letztlich besteht aber auch bei diesen Erklärungen die Gefahr, daß sie nur ad hoc-Hypothesen zur ex post-Erklärung von Finanzmarktkrisen liefern. *Rodrik* (1998, S. 6) geht soweit zu behaupten, daß „If we are forced to look for a new series of policy errors each time a crisis hits, we should be extremely cautious about our ability to prescribe a policy regime that will sustain a stable system of capital flows". Die vorgestellten Theorien spekulativer Attacken laufen in dieser Sicht stets den aktuellen Krisen hinterher. Dies deutet an, daß sich die Theorien vorwiegend mit Symptomen, nicht aber mit den eigentlichen Ursachen von Währungs- und Finanzmarktkrisen befassen. Die Erfolgschancen einer Entwicklung von Frühwarnsystemen (s. z.B. *Kaminsky* und *Reinhart* 1996; *Kaminsky, Lizondo* und *Reinhart* 1997; IMF 1998, S. 88ff.), die bevorstehende spekulative Attacken ankündigen sollen, sind daher skeptisch zu beurteilen. Solange sich die Modelle an Stromgrößen oder auch an fragwürdigen Theoriebausteinen orientieren, muß ihre Prognosefähigkeit erheblich bezweifelt werden. Dies gilt auch deshalb, weil solche Indikatorensysteme selbst in die Erwartungsbildung der Marktteilnehmer einbezogen werden. Die Gefahr bestünde, so warnt selbst der Internationale Währungsfonds (IMF 1998, S. 88), „if such indicators could be identified they would likely lose their usefulness because they would change behaviour: markets would take them into account and, by anticipating crisis, precipitate them earlier".

3. Währungs- und Finanzmarktkrisen in Osteuropa?

Was läßt sich nun aus der Theorie spekulativer Attacken für die Transformationsländer folgern? Drohen dort Währungs- und Finanzkrisen? Liegen die genannten makroökonomischen Politikinkonsistenzen vor? Welche außenwirtschaftlichen Zins- oder Terms of Trade- Schocks sind zu erwarten und wie fragil ist das Bankensystem in diesen Ländern einzustufen? Oder folgt eine mögliche Krisenanfälligkeit der MOE-Länder aus Faktoren, die von den vorgestellten Theorien nicht erfaßt werden?

3.1. Politikinkonsistenzen in Transformationsländern

Eine wesentliche Politikinkonsistenz, die nach den Ergebnissen der Theorie spekulativer Attacken zu Währungskrisen führt, liegt in einer inflatorischen Geldpolitik bei einem festen Wechselkurs. Das Ausmaß solcher Politikinkonsistenzen zwischen der Währungs- und der Geldpolitik läßt sich anhand der Inflationsraten abschätzen. Noch in den ersten Jahren der Transformation waren in den meisten Ländern sehr hohe Preisniveausteigerungen zu beobachten. Inzwischen sind diese vielerorts deutlich - zum Teil auf einstellige Werte - zurückgegangen. Insofern verzeichnet die geldpolitische Stabilisierung in den meisten Ländern klare Erfolge (vgl. Tabelle A1)[4]. Diese Erfolge sind in den meisten Ländern einer Verminderung der Staatsverschuldung zuzuschreiben, so daß die Finanzpolitik als Quelle stabilitätspolitischer Gefährdung an Bedeutung verloren hat (vgl. Tabelle A2).

Die Verbindung zwischen den öffentlichen Haushaltsdefiziten, dem Geldmengenwachstum und der Inflationsentwicklung zeigt sich für die MOE-Länder deutlich in Abbildung 3: Während Anfang der neunziger Jahre steigende öffentliche Haushaltsdefizite mit einer kräftig expandierenden Geldmenge und hohen Inflationsraten einhergegangen sind, zeigt sich seit 1994 ein umgekehrter Gleichlauf: Geringere Defizite sind mit einer

---

[4] Sehr hohe Inflationsraten sind außer in Albanien, Bulgarien und Rumänien insbesondere in zahlreichen Nachfolgestaaten der UdSSR zu beobachten. Dies deutet auf eine mangelnde monetäre Stabilisierung in diesen Ländern hin (*Raiser* und *Sanfey* 1998, S. 242f.).

sinkenden Wachstumsrate der Geldmenge und rückläufigen Inflationsraten verbunden. Obwohl zwischen den mittel- und osteuropäischen Staaten noch erhebliche Unterschiede bestehen (vgl. Tabelle A1 und A2), ist der geld- und fiskalpolitische Stabilisierungstrend doch eindeutig zu erkennen. Hierzu dürfte insbesondere beitragen, daß sich die Einnahmen in den fortgeschrittenen Transformationsländern konsolidieren und die offizielle Staatsverschuldung rückläufig ist. In anderen Ländern, wie z.B. in den asiatischen Nachfolgestaaten der ehemaligen Sowjetunion, in Weißrußland und in der Ukraine bestehen dagegen noch immer erhebliche fiskalische Risiken (IMF 1998, S. 197).

Abbildung 3: Monetäre Entwicklungen in Mittel- und Osteuropa[*)]

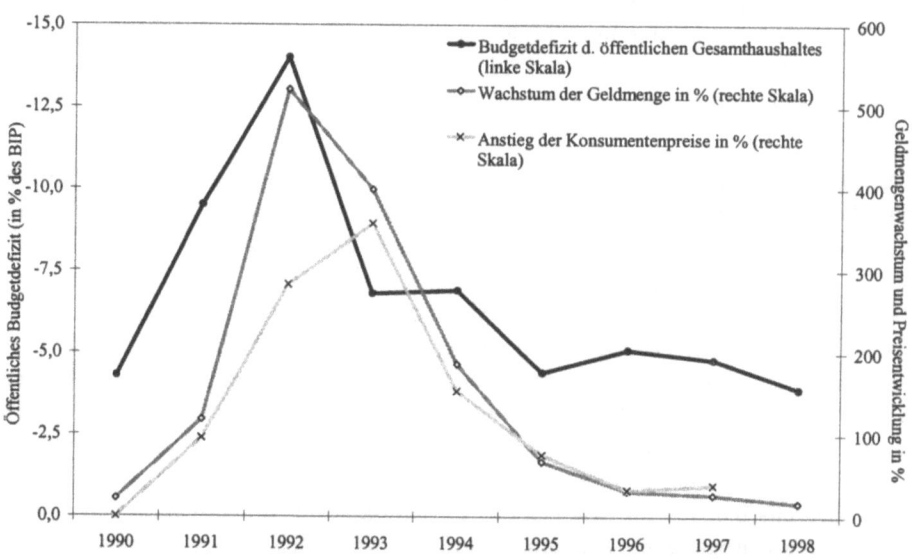

[*)] Albanien, Belarus, Bulgarien, Estland, Kroatien, Lettland, Litauen, Mazedonien (F.Y.R.), Moldau, Polen, Rumänien, Slowakische Republik, Slowenien, Tschechische Republik, Ukraine, Ungarn.

Datenquelle: IMF (1998).

Aber auch in den fortgeschrittenen Ländern ist die Staatsverschuldung als Inflationsquelle damit noch keineswegs gebannt. Im Vergleich zu anderen Emerging Markets ist das Haushaltsdefizit noch relativ hoch; einzig Estland und Lettland verzeichnen 1997 einen Budgetüberschuß (IMF 1998). Zudem haben sich zahlreiche fiskalpolitische Belastungen, die aus einer dringend gebotenen Reform der Sozialversicherungssysteme (vgl. *Schüller* und *Weber* 1998), aus der Privatisierung, dem Aufbau der Infrastruktur und des Bankensystems zu erwarten sind, erst teilweise in den öffentlichen Ausgaben dieser Länder niedergeschlagen. Zwar kommt die Umstellung der Einnahmen auf ein marktwirtschaftliches Steuer- und Abgabensystem in zahlreichen Ländern voran (vgl. IMF 1998, S. 98ff.). Allerdings bilden die indirekten Steuern die Haupteinnahmequelle der öffentlichen Haushalte (IMF 1998). In vielen Ländern stehen Reformen der Unternehmensbesteuerung noch aus.

Selbst in jenen Ländern, die deutliche Stabilisierungserfolge aufweisen, sind die aktuellen Inflationsraten jedoch noch immer problematisch. Da in den MOE-Ländern Währungssysteme mit fixierten Wechselkursen weit verbreitet sind (vgl. Tabelle A3), erweisen sich die Inflationsraten, im Vergleich zu jenen Ländern, an denen sich die Wechselkursbindungen orientieren, noch immer als zu hoch. Die Währungen in den Transformationsländern werden folglich real aufgewertet. Reale Aufwertungen begünstigen die Importnachfrage und schwächen das Exportangebot. Bei einem festen Wechselkurs sieht sich also die Währungspolitik mit einer zusätzlichen Devisennachfrage konfrontiert, die die Verteidigungsfähigkeit reduziert. Dem versuchen die Länder, die ein 'Managed Floating-Regime' gewählt haben, durch nominelle Abwertungen ihrer Währungen entgegenzutreten; insgesamt aber haben diese Korrekturen bisher nicht ausgereicht, so daß diese Währungen in den zurückliegenden Jahren gleichwohl real aufgewertet worden sind (*Halpern* und *Wyplosz* 1997). Mit diesen realen Aufwertungen ist ein Potential an Überbewertung aufgebaut worden, das eine spekulative Attacke auslösen könnte.

Allerdings sind diese realen Aufwertungen nicht ohne weiteres Indikatoren für eine tatsächliche Überbewertung der Wechselkurse. Eine reale Aufwertung kann auch durch steigende Produktivität im Sektor der international gehandelten Güter entstehen und insofern 'gleichgewichtiger' Natur sein (*Balassa-Samuelson*-Effekt). Inwieweit eine reale Aufwertung ungleichgewichtig im Sinne einer makroökonomischen Inkonsistenz ist, muß daher empirisch genau geprüft werden. Die Währungskrisen in Tschechien und in der Slowakei im Mai 1997 sprechen dafür, daß - in diesen Ländern - ein Teil der realen Aufwertung tatsächlich 'ungleichgewichtig' war. Dies erklären z.B. *Frensch* und *Brandmeier* (1997) mit Reallohnsteigerungen, die über die Produktivitätszuwächse hinausgegangen sind. In einer umfassenderen Untersuchung finden *Halpern* und *Wyplosz* (1997) ebenfalls Indizien für eine ungleichgewichtige reale Aufwertung in den meisten mittel- und osteuropäischen Ländern. Allerdings wird auch darauf hingewiesen, daß diese Währungen zu Beginn der Transformation real kräftig abgewertet worden sind, so daß sie zunächst als unterbewertet gelten mußten. Die zwischenzeitliche reale Aufwertung korrigiert folglich zum Teil diese Unterbewertung. Zum Teil geht sie auf eine produktivitätsbedingte reale Aufwertung zurück. Damit ist der Anteil der ungleichgewichtigen realen Aufwertung dieser Währungen wesentlich kleiner als dies im realen Wechselkurs auf den ersten Blick ausgewiesen wird. Zwar müßte das Gefährdungsmoment der realen Aufwertung in diesen Ländern noch durch einzelne Länderstudien näher geprüft werden; die Krise in Tschechien und der Slowakei zeigt aber, daß auch eine vergleichsweise geringe ungleichgewichtige reale Aufwertung Anlaß für eine spekulative Attacke sein kann, insbesondere dann, wenn sie mit einer schwachen Verteidigungsfähigkeit und anderen Inkonsistenzen verbunden ist.

Da aber die Devisenreserven der meisten Transformationsländer - vergleichsweise zu den Ländern in Südostasien - sehr bescheiden sind, könnte man schließen, daß die Verteidigungsfähigkeit in Transformationsländern schwächer ist als in anderen Ländern. Betrachtungen des Volumens von Währungsreserven sind aber nur wenig aussagefähig. Bezieht man die Reserveausstattung auf die inländische Geldmenge, so zeigt sich, daß die mittel- und osteuropäischen Länder durchschnittlich über eine größere Verteidigungsfähigkeit als die vier Hauptkrisenländer in Südostasien verfügen (vgl. Tabelle A4, Abbildung 4a und 4b).

Die Verteidigungsfähigkeit der MOE-Länder dürfte auch deswegen höher sein, weil das Handelsvolumen an den Finanzmärkten in Mittel- und Osteuropa im Vergleich zu den Krisenländern Südostasiens geringer und auch der Anteil kurzfristiger Kapitalanlagen niedriger ist (*Raiser* und *Sanfey* 1998, S. 245). Letzteres dürfte in Verbindung mit den Kapitalverkehrsregulierungen in den MOE-Ländern stehen: Während in lateinamerikanischen und südostasiatischen Ländern der Kapitalverkehr weitgehend liberalisiert war, garantiert nahezu kein Transformationsland die vollständige Kapitalverkehrsfreiheit. Erhebliche Beschränkungen bestehen noch für den kurzfristigen Kapitalverkehr. Dort, wo - wie etwa in Estland - auch der kurzfristige Kapitalverkehr vergleichsweise frei ist, wurde zumeist durch eine strenge geldpolitische Bindung die Autonomie der Geldpolitik aufgehoben. Das Currency Board läßt nahezu keinen Spielraum für eine autonome Gestaltung der Geldpolitik, die gegen den Wechselkurs gerichtet sein könnte.

Eine reale Aufwertung wirkt sich neben der Verteidigungsfähigkeit auch auf die Verteidigungs*bereitschaft* aus. Verschlechtert sich im Zuge der Aufwertung die Wettbewerbsposition der inländischen Unternehmen, die international handelbare Güter herstellen, kann dies im Konflikt zu anderen politischen Zielen, insbesondere zum Beschäftigungs- und zum Privatisierungsziel, stehen und den fiskalpolitischen Handlungsspielraum einengen. Damit löst eine reale Aufwertung bei den Devisenmarktakteuren Spekulationen über die Frage aus: Wie wird sich die Wirtschaftspolitik im Zielkonflikt entscheiden? Wie stark hat sie sich dem Primat der Zahlungsbilanz verschrieben?

Vor diesem Hintergrund zeigen sich die besonderen Risiken, die mit einem semifesten Wechselkurs (nomineller oder realer Crawling Peg; oder mit anderen Formen des Managed Floating) verbunden sein können.[5] Zwar ist es in diesen Systemen leichter möglich, den realen Wechselkurs durch nominelle Abwertungen zu stabilisieren, als dies etwa im Currency Board möglich ist; doch wird genau hierdurch ein Glaubwürdigkeitsproblem geschaffen: Aus Sicht der zweiten Modellgeneration der Theorie spekulativer Attacken besteht nämlich in diesen Systemen stets das Risiko, daß der Wechselkurs neu festgesetzt wird. Folglich sind die Devisenmarktakteure immer dann gezwungen, die Glaubwürdigkeit des Ankers neu zu prüfen, wenn wirtschaftspolitisch relevante neue Ereignisse eintreten, die das Kosten-Nutzen- Verhältnis der Regierungen verändern können. Hinzu kommt, daß solche semifesten Wechselkurse die Geld- und Fiskalpolitik nur mäßig binden. Damit wird die Glaubwürdigkeit des geldpolitischen Ankers ebenfalls geschwächt; reale Aufwertungen können hier stets als die hausgemachte Folge einer unsoliden Geld- und Finanzpolitik auftreten. Hierin mag - neben dem Einfluß administrierter Preise - ein wesentlicher Grund dafür liegen, daß zwar die Inflationsrate stabilisiert wurde, eine weitere Absenkung in Richtung auf westeuropäische Werte aber zur

---

[5] So richtet Polen seine Wechselkurspolitik seit 1993 auf eine Stabilisierung des realen Wechselkurses aus. Der Złoty wird mit vorangekündigten Raten nominell abgewertet (seit 1998 monatlich um 0,8 Prozent).

Zeit nicht gelingt. Eine wesentliche Quelle von Politikinkonsistenzen für die Transformationsländer liegt daher nach wie vor im Verhältnis zwischen der Geld-, Wechselkurs- und Wettbewerbspolitik.

Abbildung 4a: Auslandsverschuldung und Währungsreserven

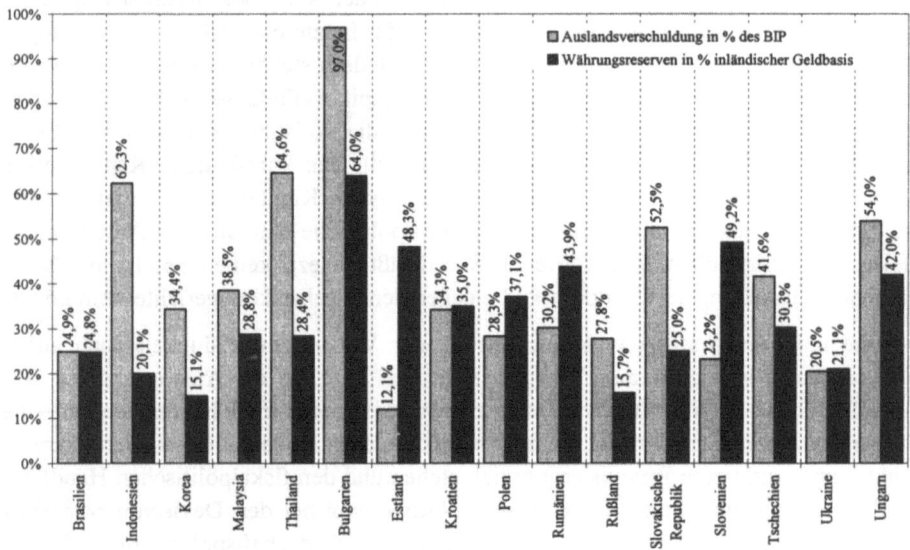

Abbildung 4b: Haushalts- und Leistungsbilanzsalden

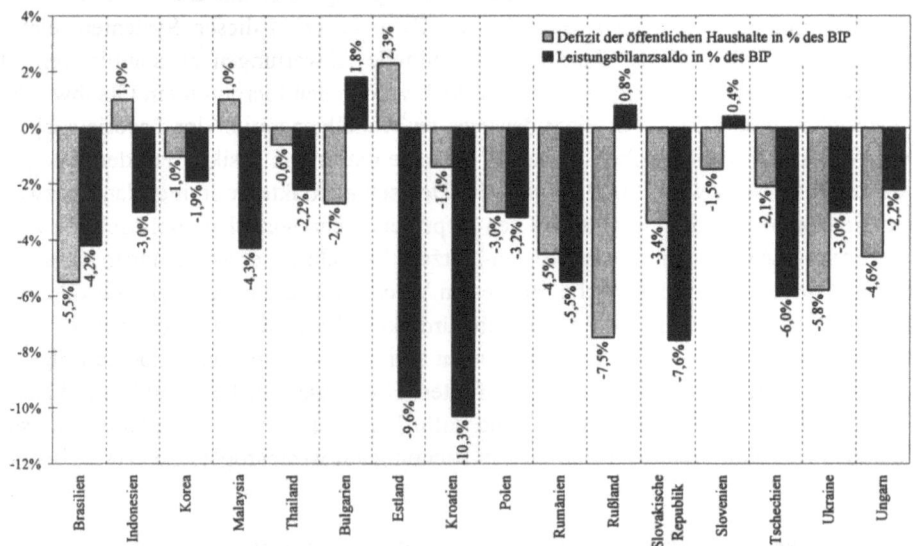

Datenquelle: EBRD (1998, S. 253).

Die Theorie spekulativer Attacken weist darauf hin, daß vielfältige andere Politikinkonsistenzen möglich sind, die die Glaubwürdigkeit eines festen Wechselkurses schwächen und so spekulative Attacken hervorrufen können. Wie oben gezeigt wurde, besteht ein Teil der Kosten eines fixierten Wechselkurses darin, daß die inneren Preise die Anpassungsfunktion des Wechselkursmechanismus übernehmen müssen. Ein fester Wechselkurs muß demnach von einer vergleichsweise hohen Preis- und Lohnflexibilität sowie von hoher Arbeitskräftemobilität begleitet sein (*Weber* 1995; *Diehl* und *Schweickert* 1997). Diese - auch von den deutschen Vertretern der monetären Zahlungsbilanztheorie betonte - Voraussetzung der „Preisflexibilität" (*Lutz* 1935) spielt für die Transformationsländer naturgemäß eine besondere Rolle: Die Preise, Zinsen und Löhne waren zu Beginn des Übergangs staatlich reguliert. Mit der Preisliberalisierung mußte damit zwangsläufig ein intensives Suchen nach neuen Knappheitspreisen beginnen. Ob ein solcher Suchprozeß erfolgreich ist, hängt aber nicht allein vom Ausmaß der Preisbeweglichkeit ab. Die Preisbewegungen müssen auch in die Richtung der veränderten Knappheiten gehen können. Um diese Richtung zu entdecken und ihr zu folgen, sind institutionelle Bedingungen einer Wettbewerbsordnung an den Märkten erforderlich, wie sie sich z.B. durch die konstituierenden Prinzipien von *Eucken* (1952/1990, S. 254-291) beschreiben lassen. In keinem der Transformationsländer kann eine funktionsfähige Wettbewerbsordnung in diesem Sinne als etabliert gelten. Damit besteht die Gefahr, daß Preisänderungen gleichsam in die falsche Richtung gehen (vgl. hierzu *Schüller* und *Wentzel* 1991). Bei gebundenen Wechselkursen bedeutet dies aber, daß die Preisvariabilität höher sein muß als bei freien Wechselkursen, da die Güterpreise neben den inländischen Suchprozessen auch außenwirtschaftliche Anpassungsfunktionen zu übernehmen haben. Damit können auch die Preisfehler ein größeres Ausmaß annehmen.

Zwar wurden in den fortgeschrittenen MOE-Ländern inzwischen viele Preise liberalisiert, doch dürfte es noch an Preisflexibilität fehlen. Dies gilt neben zahlreichen regulierten Märkten, auf denen vor allem Binnengüter gehandelt werden, vor allem für die Löhne. Die realen Aufwertungen beispielsweise in der Slowakei und auch in Polen lassen sich zu einem guten Teil durch relativ starre Reallöhne erklären (*Diehl* und *Schweickert* 1997, S. 68ff.). Dagegen konnte in Tschechien die Aufgabe der Wechselkursanpassung zu einem größeren Teil von einer höheren Reallohnflexibilität übernommen werden.

3.2. Außenwirtschaftliche Schocks in Transformationsländern

Die Anfälligkeit von Transformationsländern gegenüber außenwirtschaftlichen Schocks zu diskutieren, erscheint vergleichsweise spekulativ. Im Bereich der Weltmarktzinsen wäre zu klären, ob zu erwarten ist, in welche Richtung sich die realen Weltmarktzinsen bewegen werden. Ein extremer Realzinsschock war in den achtziger Jahren zu beobachten; dieser hat die Verschuldungskrise mit ausgelöst. Allerdings war dieser Einfluß mit einer geldpolitischen Stabilisierung verbunden, der die Nominalzinsen erst mit einiger Verzögerung gefolgt sind. Heute bewegen sich die Inflationsraten in den Industriestaaten auf einem vergleichsweise stabilen und niedrigen Niveau. Ob es zu einem weltweiten Anstieg der Realzinsen kommen wird, ist deshalb fraglich.

Allerdings hat die Asienkrise auch die Finanzmärkte in den MOE-Ländern getroffen: So sind die Kapitalzuflüsse im dritten Quartal von 1997 deutlich geringer ausgefallen. In einigen Ländern (Estland, Rumänien, Rußland, Ukraine) ging dies mit einem deutlichen Anstieg der kurzfristigen Nominalzinsen einher (s. *Raiser* und *Sanfey* 1998, S. 247f.). Ob sich hierdurch die Verteidigungs*bereitschaft* der Regierungen verschlechtert hat, kann aber nicht beantwortet werden.

Verschlechterungen der Terms of Trade dürften für die MOE-Länder immer weniger als Gefahrenpotential für spekulative Attacken in Frage kommen. Hierfür spricht vor allem die zunehmende Differenzierung in der Exportstruktur dieser Länder. So ist es zahlreichen Ländern in Mittel- und Osteuropa in den letzten Jahren gelungen, die Exporte - insbesondere im Bereich der Industriewaren - auszuweiten und zu differenzieren (*Trabold* und *Berke* 1996). Exportpreisschocks treffen insoweit Unternehmen eher selektiv, nicht aber die Exportwirtschaft insgesamt. Ausnahmen bestätigen aber auch in diesem Fall die Regel: Besonders in einigen Nachfolgestaaten der UdSSR (Turkmenistan, Moldau, Rußland) ist die Exportstruktur noch immer gering diversifiziert. Verschlechterte Ertragsaussichten an diesen Märkten bergen damit die Gefahr, einen Schneeballeffekt im Unternehmens- und Bankensektor auszulösen, wenn die dominierende Marktposition einzelner Unternehmen wie Gazprom dazu führt, daß sich auch die Ertragsaussichten der vorgelagerten Unternehmen verschlechtern.

3.3. Fragilität der Finanzmärkte in Transformationsländern

Als problematisch dürfte sich aber für die mittel- und osteuropäischen Länder der Zustand der nationalen Finanzmärkte darstellen. Diese Märkte sind in Mittel- und Osteuropa vergleichsweise jung und erscheinen schon deshalb besonders anfällig für Krisen. Das Bankensystem ist in den meisten Ländern erst seit einigen Jahren vom staatlichen Monobanksystem in ein zweistufiges System mit privaten Geschäftsbanken umgewandelt worden. Dabei wurden die Bilanzen der Unternehmen und Banken von Altschulden in den meisten Fällen nur sehr unvollständig bereinigt. Vorhandene Altschuldenbestände erzeugen aber zugleich Anreize für eine ineffiziente Finanzintermediation durch das junge Bankensystem:[6]

Solange die korrespondierenden Altforderungen in den Bilanzen der Banken stehen, erscheinen diese auf dem Papier solvent, obwohl die Forderungen gegen Staatsunternehmen teilweise zweifelhaft, faktisch meistens uneinbringlich sind. Die Bankbilanzen weisen insofern auf der Aktivseite ein erhebliches Wertberichtigungspotential auf. Solche uneinbringlichen Forderungsbestände produzieren in den Banken Anreize zu einer adversen Selektion. Eine Einschränkung der Kreditvergabe an Großkreditnehmer würde nämlich die Banken selbst gefährden: Werden die Kredite an diese Unternehmen gestoppt, droht diesen der Konkurs und damit den Banken der Wertberichtigungszwang bei entsprechenden Altforderungen. Bestehen solche, können einzelne Banken mit in die

---

[6] Vgl. u.a. *Schmieding* (1992, S. 128ff.); *Buch, Koop, Schweickert* und *Wolf* (1995); *Weber* (1995, S. 189ff.); *Buch* (1996).

Zahlungsunfähigkeit der Unternehmen gezogen werden. Damit besteht aber die Gefahr, daß Banken ihre Funktion der Unternehmenskontrolle ('Corporate Governance') vernachlässigen und ihren zweifelhaften Forderungen neue Kredite nachschieben; zugleich werden junge Unternehmen im Bereich der Fremdfinanzierung systematisch benachteiligt. Eine solche adverse Selektion droht insbesondere dort, wo eine starke Branchen- oder Regionalkonzentration besteht, dort wo die Interunternehmensverschuldung hoch ist und dort, wo Banken - z.B. über Voucherprivatisierungen - zugleich Eigentümer von Altunternehmen sind.[7]

Länder wie Polen, Ungarn, die Tschechische Republik und Estland haben dieses Problem der Altschuldenbestände für die Finanzintermediation erkannt und die Streichung von Altschulden mit Maßnahmen der Rekapitalisierung der Banken verbunden, um Finanzmarktkrisen zu verhindern. Hierbei zeigt sich - etwa in Ungarn -, daß eine zögerliche Reform nicht nur die Finanzmarktintermediation per se gefährdet, sondern daß zu den Altschuldenbeständen neue Fehllenkungen von Finanzströmen hinzukommen und hieraus neue Bestandgrößenprobleme für die Banken erwachsen (vgl. *Buch* 1996).

Eine Schuldenübernahme durch den Staat und eine staatliche Rekapitalisierung der Banken können in den Unternehmen und Banken die Erwartung begünstigen, daß es auch später zu solchen Rettungsaktionen kommen wird. Damit werden die inneren Selektionsanreize im Finanzmarkt geschwächt und Moral Hazard in der Weise gefördert, daß im Rahmen des nachfolgenden Kreditgeschäfts neue zweifelhafte Positionen aufgebaut werden. Für die Unternehmen und Banken wird eine staatliche Rettungsaktion wahrscheinlich, wenn ein Konkurs der Unternehmen oder eine Insolvenz der Banken politisch - wegen hoher drohender Arbeitslosigkeit - nur schwer durchzusetzen sind, wenn also im Konkursfall ein 'to big to fail' vermutet wird.

Die adverse Selektion innerhalb der Banken wird auch durch unzureichende Privatisierungsmaßnahmen gefördert. Das Management von Staatsunternehmen neigt zu einer übermäßigen Nachfrage nach Krediten. Droht dem Management mit dem Konkurs des Unternehmens Arbeitslosigkeit, wird es mangels Aussichten auf staatliche Subventionen Kredite zu Bedingungen nachfragen, die weit über den Rentabilitätserwartungen der Betriebe liegen. Die Tilgung wäre damit höchstens aus der Betriebssubstanz zu leisten. Da solche Verhaltensweisen von den Banken antizipiert werden könnten, müßte die Kreditvergabe reduziert werden. Werden asymmetrische Informationsverteilungen zwischen Kreditgebern und Kreditnehmern unterstellt, würde eine solche Kreditrationierung auch potentiell 'gute' Risiken treffen.

Für eine vergleichsweise hohe asymmetrische Informationsverteilung an den Finanzmärkten der MOE- Länder spricht neben der nicht abgeschlossenen großen Privatisierung auch die Fähigkeit des Banken- und des Unternehmensmanagement: So mangelt es noch immer an den erforderlichen Kenntnissen im Bankengeschäft, insbesondere im

---

[7] Dort, wo Investmentgesellschaften der Banken einen hohen Eigentumsanteil an den Unternehmen halten, würde eine Verweigerung weiterer Kredite neben den Altforderungen auch den Wert der Investmentgesellschaft der Bank verschlechtern. Beispiele finden sich seit der Voucherprivatisierung in Tschechien.

Bereich der Fristen-, Losgrößen- und Risikotransformation. Auch in den Unternehmen fehlt es an Erfahrungen im Umgang mit marktmäßigen Kreditanträgen, mit einer Kapitalwertrechnung, mit der Kreditbesicherung oder mit Sicherungskalkulationen hinsichtlich des Zins- und Wechselkursrisikos.

3.4. Marktmangel statt Marktmängel in Transformationsländern

Insgesamt begründen die bestehenden geld- und fiskalpolitischen Risiken, die Konflikte zwischen einem nominellen Anker und der Wettbewerbsfähigkeit der Unternehmen sowie die Schwächen des Finanzsektors eine hohe Anfälligkeit der MOE-Länder für Währungs- und Finanzmarktkrisen. Besonders die Fragilität der Finanzmärkte dürfte Besorgnisse begründen. Von verschiedenen Seiten wird daher gefordert, zunächst die institutionellen Defizite durch den Aufbau einer funktionsfähigen Bankenregulierung und Bankenüberwachung zu beseitigen (vgl. jüngst IMF 1998) und erst im Anschluß die Finanzmärkte weiter zu liberalisieren. Staatliche Vorschriften für das Aktiv- und Passivgeschäft der Banken werden in diesem Sinne als notwendige äußere, staatlich einzurichtende Institutionen eingeschätzt, die zur Minderung von asymmetrischen Informationsverteilungen und damit zur Überwindung der Mängel der Finanzmärkte beitragen (vgl. *Mishkin* 1997).

Allerdings müssen die Leistungen solcher Regulierungen und Überwachungen für die Lösung der Finanzmarktprobleme von MOE-Ländern kritisch eingeschätzt werden: Banken machen Fehler bei der Bewältigung der gesamtwirtschaftlichen Transformationsaufgaben; dies ist unabwendbar, ja Teil des Entdeckungsverfahrens bei der Risikotransformation in der Finanzintermediation. Die Selektion von nicht wettbewerbsfähigen Unternehmen ist insofern eine wesentliche Aufgabe des Wettbewerbsprozesses. Eine leistungsfähige Kreditlenkung fordert dabei, daß die Konkursgefahr als Kontrollanreiz des Wettbewerbs auch vor Banken und Finanzintermediären nicht halt macht. Der Zusammenbruch von Unternehmen und Banken ist damit nicht per se als Krisenerscheinung zu interpretieren, sondern Teil der Institutionalisierung einer marktwirtschaftlichen Ordnung im Transformationsprozeß.

Die Finanzmärkte sind folglich daraufhin zu überprüfen, ob sie eine solche dynamische Selektion in der Finanzintermediation bewältigen können. Hemmnisse bestehen besonders dort, wo durch Marktregulierungen die Informationsbeschaffung und die Informationsverarbeitung verzerrt sind. Diese Verzerrungen in Form von Moral Hazard und adverser Selektion gehen aber in den MOE-Ländern vorwiegend aus der fehlenden institutionellen Restrukturierung dieser Märkte hervor: Bestehende Altverpflichtungen, die mangelnde Durchsetzung exklusiver privater Eigentumsrechte und die Anreize zu einem moralischen Fehlverhalten, das mit staatlichen Bail out-Garantien verbunden ist, führen zu einem relativ hohen Anteil an uneinbringlichen Forderungen im Bankensystem und tragen zu einer geringen Lernbereitschaft hinsichtlich der erforderlichen Managementerfahrungen im Banken- und im Unternehmenssektor bei.

In den MOE-Ländern sind solche Interventionen in starkem Maße anzutreffen. Darauf deuten die schleppende Privatisierung der Geschäftsbanken, wiederholte staatliche

Bail outs, bestehende Zinsregulierungen, die Beschränkung der Zulassung von Auslandsbanken, Kapitalverkehrskontrollen (vgl. *Claessens* 1997; *Honohan* 1997, S. 9ff.) und negative Realzinsen in zahlreichen dieser Staaten hin. Zu Beginn der Transformation haben in nahezu allen Staaten Zinsregulierungen bei hohen Inflationsraten zu einem negativen Realzinsniveau geführt (vgl. Tabelle A5). Negative Realzinsen wirken aber auf die Verschuldung wie ein Magnet; sie entsprechen einer Verschuldungsprämie. Zugleich behindern sie das inländische Sparen und fördern den Kapitalexport. Negative Realzinssätze sind noch immer in vielen Transformationsländern zu beobachten. Aber auch in jenen Ländern, in denen inzwischen positive Realzinsen erreicht wurden, bleibt ein hohes Maß an staatlichen Interventionen zu vermuten, da sich dort positive Realzinsen bei hohen Spreads zwischen den Einlagen- und den Kreditzinsen eingestellt haben. Die direkten und indirekten politischen Eingriffe in die Kreditlenkung sind mitverantwortlich für die Finanzmarkt- und Währungskrisen in Südostasien (*Baer, Miles* und *Moran* 1998), da bei ihnen die Rückzahlungsfähigkeit des Kreditnehmers nur unzureichend in das Kreditvergabekalkül einbezogen wird.

Finanzmarktkrisen drohen MOE-Ländern nicht, weil in ihnen ein systematisches Marktversagen vorliegt, sondern weil wirtschaftspolitische Inkonsistenzen bestehen. Diese werden von den im zweiten Abschnitt dargelegten Theorien zur Erklärung spekulativer Attacken noch wenig berücksichtigt: Die Herausbildung eines leistungsfähigen Unternehmens- und Finanzsektors wird solange scheitern, wie es an einer privatwirtschaftlichen Haftung im Bereich der Unternehmen und Banken mangelt. Nicht Marktmängel, sondern der Mangel an funktionsfähigen Güter- und Finanzmärkten beschreiben demnach das institutionelle Defizit der Finanzmärkte.

Ein fehlendes oder nicht durchgesetztes Konkursrecht stellt dabei vielfach das stärkste Hemmnis für den wettbewerblichen Selektionsprozeß dar. Solange unrentable Unternehmen und Banken nicht mit einem Konkurs rechnen müssen, werden diese weiterhin Kredite unabhängig von der eigenen Rückzahlungsbereitschaft nachfragen.

Solange Konkurse aber politisch verhindert werden, kann eine adverse Kreditvergabe auch durch eine stärkere Bankenaufsicht nicht eingeschränkt werden. Da die Unternehmen ohne Konkursandrohung stets mit einer Rettung durch den Staat rechnen können, würden sie auch gegenüber einer staatlichen Bankenaufsicht auf einen Bail out setzen. Eine Bankenregulierung, die vor der Privatisierung der Unternehmen und der Banken Einlagensicherungssysteme, die Streichung von Altschulden und Rekapitalisierungsmaßnahmen einführt, verstärkt Anreize zu Moral Hazard im Bankengeschäft (*Anderson* u.a. 1997, S. 4). Da die privatisierten Unternehmen in den MOE-Ländern eine deutlich bessere Unternehmensperformance - z.B. im Bereich der Arbeits- und Kapitalproduktivität und in der Cash Flow-Entwicklung - aufweisen, vermindert die Privatisierung zugleich die Nachfrage nach Interventionen im Bankensektor. Demzufolge bietet die Unternehmensprivatisierung die günstigsten Aussichten für eine Konsolidierung auch des Bankensektors (*Anderson* u.a. 1997, S. 4).

Krisen der Währungs- und Finanzmärkte müssen daher aber solange als wahrscheinlich angenommen werden, bis die Privatisierung des Unternehmenssektors ein effektives

Konkursrecht einschließt. Gelingt die intertemporale Lenkung von Ressourcen nicht, muß im Finanzierungsgeschäft immer wieder mit Rückzahlungs- oder Verschuldungskrisen gerechnet werden. Eine Verschuldung im Ausland wird dabei eine Wechselkurskrise hervorrufen und von außen auch den inneren Finanzsektor gefährden. Umgekehrt besteht bei einer inneren Verschuldungskrise die Gefahr, daß sich diese nach außen auf den Wechselkurs auswirkt.

Kapitalverkehrskontrollen, wie sie in den MOE-Ländern vorherrschen, bieten aber - so haben auch die Erfahrungen mit anderen Krisen (etwa in Lateinamerika in den achtziger Jahren) gezeigt - keinen dauerhaften Schutz: Spekulative Attacken auf den Wechselkurs mögen sich durch Kapitalverkehrskontrollen, Einlagenvorschriften und andere Maßnahmen der „finanziellen Repression" kurzfristig reduzieren lassen,[8] doch wirken diese Kontrollen selbst wie eine große Umleitung von ausländischem Kapital. Die damit provozierten Kapitalexporte aus dem Inland (Kapitalflucht) erschweren zusätzlich den Zahlungsbilanzausgleich und gehen mit erheblichen gesamtwirtschaftlichen Kosten durch die Fehllenkung von Ressourcen einher (s. *Weber* 1995).

Zur Vermeidung von Finanzmarktkrisen ist daher eine solide Neuordnung der Finanzmärkte von besonderer Bedeutung. Um die möglichen gesamtwirtschaftlichen Schäden von individuellen Lenkungsfehlern zu begrenzen und diese auf einen unabwendbaren Teil des Such- und Entdeckungsprozesses von Märkten zu beschränken, bedarf es weniger einer staatlichen Regulierung der Finanzmärkte als vielmehr einer Entstaatlichung aller Wirtschaftsprozesse in den MOE-Ländern. Die Privatisierung der Unternehmen und Banken, der Rückzug des Staates aus der Finanzmarktallokation und die Durchsetzung eines effektiven Konkursrechts zeigen sich als die ursachengerechten Schutzmaßnahmen gegen Finanzmarktkrisen. Unter marktlichen Bedingungen wird es den Finanzmarktintermediären überlassen, solche Institutionen aufzubauen, die das individuelle Kreditrisiko minimieren. Hierzu müßten aber die Banken befähigt werden, sich einerseits aus ihren traditionellen Verpflichtungen zu lösen und andererseits Instrumente zur Minderung der Informationsasymmetrien zu entwickeln und zu verwenden.

Günstige Aussichten für eine rasche Etablierung der erforderlichen Lernprozesse für die Finanzmarkttätigkeiten bietet die Zulassung von Auslandsbanken in den Transformationsländern. Durch diese lassen sich die Informationsprobleme, die aus mangelnden Erfahrungen mit der Finanzintermediation stammen, rasch überwinden, da die Kompetenzen im Bankengeschäft gleichsam importiert werden (*Weber* 1995; *Buch* 1996; *Demirgüc-Kunt* und *Detragiache* 1997). Hierfür spricht auch ein Vergleich der bisherigen Finanzmarktreformen in den MOE-Ländern. Während insbesondere die mittelosteuro-

---

[8] Dies zeigt der Vergleich der Währungskrisen in Tschechien und in der Slowakei vom Mai 1997: Während Tschechien zunächst versuchte, der Wechselkursattacke durch Devisenmarktinterventionen entgegenzutreten und anschließend den Wechselkurs abwertete, hat die Slowakei die Attacke zwar abwehren können, doch um den Preis einer verschärften Regulierung der Finanzmärkte mit zusätzlicher Destabilisierung des monetären Sektors (vgl. *Frensch* und *Brandmeier* 1997).

päischen Länder auf eine Reform der bestehenden staatseigenen Banken gesetzt haben („Rehabilitation Approach"), forcieren die Nachfolgestaaten der Sowjetunion die Bankenreform durch die Zulassung von neuen (vornehmlich inländischen) Banken („New Entry Approach") (*Claessens* 1997). Hierbei ist der New Entry Approach dem Rehabilitation Approach sowohl hinsichtlich der Lernprozesse im Aufbau banktechnischer Institutionen wie auch im Bereich der Konsolidierung des Bankengeschäfts überlegen. Allerdings zeigt sich bei diesem New Entry Approach zugleich das Problem dieser Vorgehensweise: Zwar steigt durch die Zulassung neuer Banken der Anteil der soliden Banken, zugleich nimmt aber auch der Anteil der schwachen Banken zu - es kommt also unter den Banken zu einem Gefälle zwischen starken und schwachen Banken (*Claessens* 1997). Dies deutet auf die Schwierigkeiten der Bankenreform hin: Eine wirksame Bankenreform ist durch den Rückzug des Staates aus dem Finanzmarktgeschehen gekennzeichnet. Damit muß der Staat auf politisch erwünschte Interventionen, Kreditlenkungen und Subventionen zugunsten des Unternehmenssektors verzichten. Dies verbessert die mittelfristigen Wachstumsaussichten. Daß damit der diskretionäre Handlungsspielraum der Wirtschaftspolitik eingeschränkt wird, ist eher ein positiver Nebeneffekt. Alles in allem wird damit die Reform*bereitschaft* zum kritischen Faktor der Restrukturierungsbemühungen.

Dies gilt in besonderem Maße auch für die Zulassung von Auslandsbanken. Diese setzt nämlich eine erweiterte finanzielle Liberalisierung sowohl im Inland wie auch im Bereich des grenzüberschreitenden Kapitalverkehrs voraus. Solche Liberalisierungsmaßnahmen werden von der jüngsten Modellgeneration spekulativer Attacken zu Unrecht kausal in Verbindung mit Finanzkrisen gebracht. Drohende Finanzmarktkrisen in den MOE-Ländern haben - wie gezeigt - andere Ursachen. Diese gehen insbesondere auf übermäßige Interventionen in die Finanzmärkte und eine unzureichende Privatisierungspolitik zurück. Die Kosten der finanziellen Repression werden von den Vertretern einer späten Kapitalverkehrsliberalisierung im gleichen Maße unterschätzt, wie sie die Fähigkeiten zum Aufbau funktionsfähiger Finanzmärkte unter der Schutzglocke des Kapitalverkehrsprotektionismus überschätzen.

Es ist dabei nicht zu übersehen, daß die finanzielle Liberalisierung die Wechselkurse anfälliger für einen Abwertungsdruck macht, da die finanzielle Repression als Instrument der Verteidigung entfallen müßte. Es stellt sich folglich die Frage nach der Bedeutung des Wechselkurses für den Transformationsprozeß: Sind die Vorteile eines festen Wechselkurses - als Stabilitätsanker - so groß, daß dieser um den Preis einer verzögerten Restrukturierung der Finanzmärkte aufrechterhalten werden sollte? Einer Liberalisierung der Finanzmärkte stünde der drohende Glaubwürdigkeitsverlust in der Geldpolitik gegenüber. Die vorgestellten Theorien zeigen aber, daß in den Devisenhandel Erwartungen über das *gesamte Spektrum* der wirtschaftlichen und politischen Zukunft eines Landes einfließen. Politikinkonsistenzen bedrohen daher - auch wenn sie auf den ersten Blick mit den Devisenmärkten nichts zu tun haben - den Wechselkurs. Behinderungen der Restrukturierung der Finanzmärkte stellen neben der geld- und fiskalpolitischen Stabilisierung insoweit die größte Gefahr für die Wechselkursregime der MOE-Länder dar.

Damit die Unterentwicklung der Finanzmärkte in den MOE-Ländern nicht zu einer Dauerbedrohung der geldpolitischen Glaubwürdigkeit führt, empfiehlt es sich aus dieser Sicht, den Wechselkurs nicht als Stabilitätsanker zu verwenden. Er könnte sich rasch als zerbrechliche Krücke erweisen: Im Gegensatz zur Beibehaltung der finanziellen Repression heißt dies: „The other answer is simply not to offer speculators an easy target ... Once a country has a floating exchange rate, any speculative concerns about its future policies will already be reflected in the exchange rate. Thus anyone betting against the currency will face a real risk, rather than the one-way option in speculating against a fixed rate" (*Krugman* 1997, S. 12). Wenn die Transformationsländer selbst ihren Wechselkursanker lichten, müssen sie nicht gewärtigen, daß dies durch die Devisenmärkte geschieht.

An die Stelle der Kapitalverkehrskontrollen zum Schutz des Wechselkurses könnte dann eine Liberalisierung der Finanzmärkte treten, die mit Hilfe der Aufhebung von Kapitalverkehrskontrollen auch die Restrukturierung der Finanzmärkte fördert. Für die Glaubwürdigkeit der Transformationspolitik würde dies bedeuten: „Policy authorities should avoid pinning their credibility on a variable that can instantly and dramatically reflect shifting expectations about future events" (*Obstfeld* und *Rogoff* 1995, S. 95).

Anhang

Tabelle A1: Inflationsraten in Transformationsländern
(Jährliche prozentuale Veränderung der Konsumentenpreise)

	1991	1992	1993	1994	1995	1996	1997
Mittel- und Osteuropa:	95,4	283,0	357,7	153,3	75,3	32,4	38,4
Albanien	35,8	225,2	85,0	22,6	7,8	12,7	32,1
Belarus	83,5	969,0	1.190,0	2.220,0	709,0	52,7	64,0
Bulgarien	333,5	82,0	72,8	96,0	62,1	123,0	1.089,4
Kroatien	...	...	1.516,0	97,5	1,6	3,5	3,6
Tschechische Republik[1]	59,0	11,0	20,8	10,0	9,1	8,8	8,4
Estland	210,6	1.069,0	89,0	47,7	28,9	23,1	11,3
Ungarn	34,8	22,8	22,4	18,8	28,3	23,5	18,3
Lettland	124,4	951,3	109,1	35,8	25,1	17,6	8,4
Litauen	224,7	1.020,5	410,4	72,1	39,5	24,7	8,8
Mazedonien (F.Y.R.)	...	...	338,7	126,5	16,4	2,5	1,3
Moldau	162,0	1.276,0	788,5	329,6	30,2	23,5	11,8
Polen	70,3	43,0	35,3	32,2	27,9	19,9	15,0
Rumänien	161,1	210,4	256,1	136,7	32,3	38,8	154,8
Slowakische Republik[1]	59,0	11,0	23,0	13,4	9,9	5,8	6,2
Slowenien	...	...	31,9	19,8	12,6	9,7	9,1
Ukraine	91,2	1.209,9	4.735,2	891,2	376,4	80,2	15,9
Rußland	92,7	1.353,0	895,9	302,0	190,1	47,8	14,7
Transkaukasus u. Zentralasien	110,9	945,3	1.224,2	1667,7	183,6	68,7	29,5
Armenien	100,3	824,5	3.731,8	5273,4	176,7	18,6	13,9
Aserbaidschan	105,6	912,6	1.129,7	1664,4	411,7	19,8	4,0
Georgien	78,5	887,4	3.125,4	15.606,5	162,7	39,3	7,3
Kasachstan	91,0	1.515,7	1.662,3	1.879,9	176,3	39,1	17,4
Kirgistan	85,0	854,6	772,4	228,7	52,5	30,4	25,6
Mongolei	20,2	202,6	268,4	87,6	56,8	49,3	36,9
Tadschikistan	111,6	1.156,7	2.194,9	350,4	610,0	418,0	88,0
Turkmenistan	102,5	492,9	3.102,4	1.748,0	1.005,0	992,0	84,0
Usbekistan	169,0	645,2	534,0	1.568,0	116,9	64,4	45,0

[1] 1991 und 1992: Tschechoslowakische Republik.   Quelle: IWF (1998, Table A13, S. 163).

Tabelle A2: Öffentliches Haushaltsdefizit (in Prozent des BIP)

	1992	1994	1995	1996	1997
Mittel- und Osteuropa:					
Albanien	-20,0	-7,0	-6,9	-10,7	-12,0
Belarus	-2,8	-2,6	-1,9	-1,6	-1,2
Bulgarien	-5,2	-5,8	-6,4	-13,4	-2,6
Estland	-0,3	1,3	-1,2	-1,5	2,4
Kroatien	-4,0	1,5	-0,9	-0,5	-1,4
Lettland	-0,8	-4,0	-3,3	-1,3	1,4
Litauen	0,5	-4,8	-4,5	-4,6	-1,9
Mazedonien (F.Y.R.)	-9,6	-3,2	-1,3	-0,4	-0,3
Moldau	-23,9	-9,1	-5,8	-6,6	-6,8
Polen	-8,0	-2,0	-2,7	-2,5	-1,7
Rumänien	-4,6	-1,8	-2,6	-3,9	-4,5
Slowakische Republik	-11,9	-1,3	0,2	-1,3	-4,9
Slowenien	0,2	-0,2	0,0	0,3	-1,2
Tschechische Republik	-2,1	-1,2	-1,8	-1,2	-2,1
Ukraine	-24,0	-8,7	-4,9	-3,2	-5,6
Ungarn	-6,9	-8,3	-7,1	-3,1	-4,6
Rußland	-18,4	-10,4	-5,8	-9,5	-7,5
Transkaukasus u. Zentralasien					
Armenien	-37,6	-16,4	-11,1	-9,3	-6,7
Aserbaidschan	3,5	-11,4	-4,3	-2,6	-2,8
Georgien	-34,5	-16,5	-5,3	-4,5	-5,0
Kasachstan	-7,3	-7,1	-2,2	-3,0	-3,7
Kirgistan	-17,6	-7,7	-13,5	-6,3	-5,7
Mongolei	-6,0	-10,3	-6,4	-9,0	-9,0
Tadschikistan	-31,2	-10,5	-11,2	-5,8	-3,4
Turkmenistan	13,3	-1,4	-1,6	-0,8	0,0
Usbekistan	-12,2	-6,1	-4,1	-7,3	-2,8

Quelle: IWF (1998, S. 98).

Tabelle A3: Wechselkursregime und Konvertibilität in Transformationsländern

	Exchange Rate Regime	Convertibility Current Account	Capital Account
Albanien	Managed Floating (July 1992)	Mostly free	Outflows restricted
Bulgarien	Currency Board (July 1997)	Mostly free	Mostly free
Estland	Managed Floating (Feb. 1991) Currency Board	Mostly free	Mostly free
Kroatien	Managed Floating (Oct. 1993)	Mostly free	Mostly free
Lettland	Managed Floating (July 1992)	Mostly free	Mostly free
Litauen	Currency Board (April 1994)	Mostly free	Mostly free
Mazedonien	Managed Floating (April 1992)	Mostly free	Ins + Outs Restricted
Polen	Managed Floating (Oct. 1991)	Mostly free	Ins + Outs Restricted
Rumänien	Managed Floating (Aug. 1992)	Mostly free	Outflows restricted
Rußland	Managed Floating (Dec. 1991)	Restricted	Restricted
Slowakei	Fixed to Basket (Dec. 1990)	Mostly free	Outflows restricted
Slowenien	Managed Floating (Oct. 1991)	Mostly free	Mostly free
Tschechien	Managed Floating (July 1997) (before: Fixed to basket)	Mostly free	Outflows restricted
Ukraine	Multiple Exchange Rates	Not convertible	Not convertible
Ungarn	Preannounced Managed Floating (March 1995)	Mostly free	Outflows restricted

Quelle: *Halpern* und *Wyplosz* (1997), Bundesbank (1998).

Tabelle A4: Fiscal Indicators Comparison

	Fiscal Deficit / GDP	Current Account / GDP	Export Growth	External Debt / GDP	Real growth in domestic credit	International Reserves / Liquid Domestic Assets[1]
Brasilien	-5,5%	-4,2%	11,3%	24,9%	-6,6%	24,75%
Indonesien	1,0%	-3,0%	14,7%	62,3%	20,1%	20,07%
Korea	-1,0%	-1,9%	27,6%	34,4%	17,0%	15,09%
Malaysia	1,0%	-4,3%	5,7%	38,5%	26,6%	28,78%
Thailand	-0,6%	-2,2%	8,7%	64,6%	17,7%	28,38%
Bulgarien	-2,7%	1,8%	1,7%	97,0%	-61,2%	63,98%
Estland	2,3%	-9,6%	9,4%	12,1%	73,4%	48,27%
Kroatien	-1,4%	-10,3%	-4,4%	34,3%	7,9%	35,04%
Polen	-3,0%	-3,2%	12,4%	28,3%	13,4%	37,14%
Rumänien	-4,5%	-5,5%	5,9%	30,2%	-37,1%	43,87%
Rußland	-7,5%	0,8%	-1,6%	27,8%	13,6%	15,74%
Slowakei	-3,4%	-7,6%	0,0%	52,5%	3,6%	25,01%
Slowenien	-1,5%	0,4%	0,0%	23,2%	1,9%	49,21%
Tschechien	-2,1%	-6,0%	3,7%	41,6%	0,6%	30,28%
Ukraine	-5,8%	-3,0%	-1,3%	20,5%	16,7%	21,10%
Ungarn	-4,6%	-2,2%	38,0%	54,0%	-4,1%	42,03%

[1] Thailand, Malaysia, Korea: broad money only, others including money market instruments.
Source: EBRD, Economies of Transition, Vol. 6, No. 1, 1998, Statistical Review, S. 253.

Tabelle A5: Realzinsen in Transformationsländern

		1993	1994	1995	1996	1997*
Albania	real deposit rate, avg.	-31,17	-2,23	6,96	3,60	-7,66
	real lending rate, avg.	-29,96	0,90	11,00	9,96	-0,20
Belarus	real deposit rate, avg.	-87,21	-91,83	-75,19	-13,34	-30,12
	real lending rate, avg.	-86,70	-89,29	-66,02	7,58	-18,67
Bulgaria	real deposit rate, avg.	-17,54	-22,91	-16,11	-21,67	-1,20
	real lending rate, avg.	-7,76	-11,98	-1,90	0,21	-0,38
Croatia	real deposit rate, avg.	-69,73	-48,62	1,52	1,19	0,58
	real lending rate, avg.	-2,53	-40,72	15,67	17,42	11,86
Czech Republic	real deposit rate, avg.	-9,25	-0,51	1,71	2,77	-1,01
	real lending rate, avg.	-5,57	2,78	3,39	3,42	6,87
Estonia	real deposit rate, avg.	n/a	-24,48	-15,56	-13,78	-5,86
	real lending rate, avg.	-32,93	-16,64	-9,96	-7,60	-0,63
Hungary	real deposit rate, avg.	-5,55	1,21	-1,72	-2,83	-2,11
	real lending rate, avg.	2,43	7,18	3,36	2,31	1,33
Kazakhstan	real deposit rate, avg.	n/a	-84,10	-46,05	-7,38	
	real lending rate, avg.	-84,68	-83,30	-44,78	-3,01	
Latvia	real deposit rate, avg.	-35,44	-3,12	-8,15	-5,02	
	real lending rate, avg.	-10,73	14,66	7,67	6,94	
Lithuania	real deposit rate, avg.	-70,86	-26,04	-22,37	-10,37	1,94
	real lending rate, avg.	-62,39	-5,74	-9,01	-2,45	7,01
Macedonia	real deposit rate, avg.	-100,00	-30,00	2,00	3,00	3,00
	real lending rate, avg.	-20,00	40,00	25,00	18,00	15,00
Moldova	real deposit rate, avg.				2,71	11,01
	real lending rate, avg.				11,92	19,07
Poland	real deposit rate, avg.	-2,09	0,11	-0,01	-0,11	3,70
	real lending rate, avg.	-1,18	-0,31	5,25	4,93	7,91
Romania	real deposit rate, avg.	-62,19	-33,69	3,30	-1,60	-40,51
	real lending rate, avg.	-55,40	-19,18	12,32	12,75	-34,93
Russian Federation	real deposit rate, avg.	n/a	n/a	-32,08	5,10	4,63
	real lending rate, avg.	n/a	n/a	41,05	67,04	17,65
Slovak Republic	real deposit rate, avg.	-5,83	-3,61	-0,80	3,30	4,93
	real lending rate, avg.	n/a	1,01	6,33	7,66	10,62
Slovenia	real deposit rate, avg.	0,57	6,78	2,39	4,87	3,73
	real lending rate, avg.	13,43	16,40	10,84	12,81	11,21
Ukraine	real deposit rate, avg.	-94,86	-68,86	-64,28	-25,89	-0,34
	real lending rate, avg.	-94,12	-64,66	-53,29	-0,25	25,00

Quelle: IMF-IFS, IMF-GFS, WB World Development Report, ECSPF MultyQuery, EIU, UBS, EBRD Transition Report.

Literatur

Agénor, Pierre-Richard, Jagdeep S. Bhandari und *Robert P. Flood* (1992), Speculative Attacks and Models of Balance of Payments Crisis, IMF-Staff Papers, Nr. 39 (Juni 1992), S. 357 - 394.

Anderson, Robert E., Simeon Djankov, Gerhard Pohl und *Stijn Claessens* (1997), Privatization and Restructuring in Central and Eastern Europe, IBRD, Public Policy for the Private Sector, Note No. 123, July 1997.

Baer, Werner, William R. Miles und *Allen B. Moran* (1998), The End of the Asian Myth: Why were the Experts fooled? Mimeo, University of Illinois at Urbana-Champaign.

Buch, Claudia M. (1996), Creating Efficient Banking Systems: Theory and Evidence from Eastern Europe, Kieler Studien Nr. 277, Tübingen.*Buch, Claudia M., Michael J. Koop, Rainer Schweickert* und *Hartmut Wolf* (1995), Währungsreformen im Vergleich: Monetäre Strategien in Rußland, Weißrußland, Estland und der Ukraine, Kieler Studien Nr. 270, Tübingen.

Claessens, Stijn (1997), Banking Reform in Transition-Countries, World Bank Background Paper for World Development Report 1996, Washington, June 9, 1997.

Delhaes, Karl von und *Ulrich Fehl* (1979), Systemindifferente Erklärungselemente für Schwankungen realwirtschaftlicher Variablen, in: *H. Jörg Thieme* (Hg.), Gesamtwirtschaftliche Instabilitäten im Systemvergleich, Stuttgart und New York, S. 55 - 77.

Demirgüc-Kunt, Asli und *Enrica Detragiache* (1997), The Determinants of Banking Crisis: Evidence from Developing and Developed Countries, IMF Working Papers, No. 97/106, September 1997.

Diehl, Markus und *Rainer Schweickert* (1997), Wechselkurspolitik im Aufholprozeß: Erfahrungen lateinamerikanischer, europäischer und asiatischer Länder, Kieler Studien, Nr. 286, Tübingen.

Dooley, Michael P. (1996), A Survey of Literature on Controls over International Capital Transactions, IMF Staff Papers, Vol. 43, No. 4 (December 1996), S. 639 - 687.

Dornbusch, Rudiger, Ilan Goldfajn und *Rodrigo O. Valdés* (1995), Currency Crisis and Collapses, Brookings Papers on Economic Activity, No. 2, S. 219 - 295.

EBRD (1998), European Bank for Reconstruction and Development, Economies of Transition, Vol. 6, No. 1, 1998, Statistical Review.

Eucken, Walter (1934/1954), Kapitaltheoretische Untersuchungen, Jena, 2. ergänzte Auflage, Tübingen und Stuttgart 1954.

Eucken, Walter (1952/1990), Grundsätze der Wirtschaftspolitik, 6. Auflage, Tübingen 1990.

Fehl, Ulrich (1989), Zu *Walter Euckens* kapitaltheoretischen Untersuchungen, ORDO, Bd. 40, S. 71 - 83.

Flood, Robert und *Peter Garber* (1984), Collapsing Exchange-Rate Regimes: Some Linear Examples, Journal of International Economics, Vol. 17, S. 1 - 13.

Flood, Robert P. und *Nancy P. Marion* (1996), Speculative Attacks: Fundamentals and Self-Fulfilling Prophecies, NBER Working Paper, No. 5789.

Flood, Robert P. und *Nancy P. Marion* (1998), Perspectives of the Recent Currency Crisis Literature, NBER Working Paper, No. 6380.

Frankel, Jeffrey (1997), Keynote Speech for conference on „Preventing Banking Crisis: Lessons from Recent Global Bank Failures", Lake Bluff, Illinois, June 11, 1997, http:\\www1.whitehouse.gov/wh/eop/cea/html/19971024-3313.html.

Frankel, Jeffrey und *Andrew Rose* (1996), Currency Crashes in Emerging Markets: An Empirical Treatment, Journal of International Economics, Vol. 41, S. 351 - 366.

Frensch, Richard (unter Mitarbeit von *Michael Brandmeier*) (1997), Wechselkurs- und Leistungsbilanzentwicklungen in Tschechien und der Slowakei, Working Papers des Osteuropa-Instituts, Nr. 204, München.

Freytag, Andreas (1998), Geldpolitische Regelbindung als Teil der wirtschaftlichen Gesamtordnung: Der argentinische Currency Board, ORDO, Bd. 49, S. 379 - 399.

Halpern, László und *Charles Wyplosz* (1997), Equilibrium Exchange Rates in Transition Economies, IMF-Staff Papers, Vol. 44, No. 4 (December 1997), S. 430 – 461.

Helmstädter, Ernst (1991), Eigentum und Kapitalwirtschaft in der Ordnungspolitik, ORDO, Bd. 42, S. 235 - 251.

Honohan, Patrick (1997), Banking System Failures in Developing and Transition Countries: Diagnosis and Prediction, BIS Working Papers, No. 39.

IMF (1977) (Hg.), The Monetary Approach to the Balance of Payments, Washington D.C.

IMF (1998), World Economic Outlook, May 1998, Washington D.C., http:\\www.imf.org.

Johnson, Harry G. (1977), The Monetary Approach to the Balance of Payments - A Nontechnical Guide, Journal of International Economics, Vol. 7, S. 251 -268.

Kaminsky, Graciela und *Carmen M. Reinhart* (1996), The Twin Crisis: The Causes of Banking and Balance-of-Payments Problems, Board of Governors of the Federal Reserve System, International Finance Discussion Papers, No. 544 (March 1996).

Kaminsky, Graciela, Saul Lizondo und *Carmen M. Reinhart* (1997), Leading Indicators of Currency Crisis, IMF Working Papers, No. 97/79, July 1997.

Krugman, Paul (1979), A Model of Balance of Payments Crisis, Journal of Money, Credit, and Banking, Vol. 11 (August 1979), S. 311 - 325.

Krugman, Paul (1997), Currency Crisis, Paper prepared for an NBER-Conference, October 1997, http://web/mit/edu/krugman/www/crisis.html.

Krugman, Paul (1998), What happened to Asia? http://web/mit/edu/krugman/www/disenter.html.

Lutz, Friedrich August (1935), Goldwährung und Wirtschaftsordnung, Weltwirtschaftliches Archiv, Bd. 41, S. 224 – 252.

Meyer, Fritz W. (1972), Die internationale Währungspolitik im Dienste der stabilitätspolitischen Grenzmoral und Möglichkeiten einer Reform, in: *Dieter Cassel, Gernot Gutmann* und *H. Jörg Thieme* (Hg.), 25 Jahre Marktwirtschaft in der Bundesrepublik Deutschland, Stuttgart, S. 283 - 296.

Mises, Ludwig von (1940), Nationalökonomie. Theorie des Handelns und Wirtschaftens, 3. Auflage, Stuttgart 1980.

Mishkin, Frederic S. (1997), The Causes and Propagation of Financial Instability: Lessons for Policymakers, in: Maintaining Financial Stability in a Global Economy, A symposium by the Federal Reserve Bank of Kansas City, Jackson Hole, Wyoming, 28. – 30. 8. 1997, http:\\www.kc.frb.org/publicat/sympos/1997/sym97prg.htm.

McKinnon, Ronald I. (1973), Money and Capital in Economic Development, Washington.

Müller, Holger (1995), Spontane Ordnungen in der Kreditwirtschaft Rußlands, Stuttgart, Jena und New York.

Obstfeld, Maurice (1994), Rational and Self-Fulfilling Balance of Payments Crisis, The American Economic Review, Vol. 76 (March 1994), S. 72 - 81.

Obstfeld, Maurice (1996), The Logic of Currency Crisis, NBER Working Paper, No. 4640, February 1996.

Obstfeld, Maurice und *Kenneth Rogoff* (1995), The Mirage of Fixed Exchange Rates, Journal of Economic Perspectives, Vol. 9, No. 4, S. 73 - 96.

Ozkan, F. Gulcin und *Alan Sutherland* (1995), Policy Measures to Avoid a Currency Crisis, The Economic Journal, Vol. 195 (March 1995), S. 510 - 519.

Ozkan, F. Gulcin und *Alan Sutherland* (1998), A Currency Crisis Model with an Optimising Policymaker, Journal of International Economics, Vol. 44, S. 339 - 364.

Raiser, Martin und *Peter Sanfey* (1998), Statistical Review, Economics in Transition, Vol. 6 (1), S. 241 - 286.

Richter, Rudolf und *Eirik Furubotn* (1996), Neue Institutionenökonomik. Eine Einführung und kritische Würdigung, Tübingen.

Rodrik, Dani (1998), Who Needs Capital Account Convertibility? Paper prepared for Princeton Studies in International Finance, http:\\gray.nber.org/~drodrik/essay.pdf.

SVR (1997), Sachverständigenrat zur Begutachtung der gesamtwirtschaftlichen Entwicklung in Deutschland, Jahresgutachten 1997/1998, Deutscher Bundestag, Drucksache 13/9090 vom 18.11.1997.

Schmieding, Holger (1992), Lending Stability to Europe's Emerging Market Economies. On the Potential Importance of the EC and the ECU for Central and Eastern Europe, Kieler Studien Nr. 251, Tübingen.

Schüller, Alfred (1983), Property Rights, Theorie der Firma und wettbewerbliches Marktsystem, in: *Alfred Schüller* (Hg.), Property Rights und ökonomische Theorie, München, S. 145 - 183.

Schüller, Alfred (1986), Die institutionellen Voraussetzungen einer marktwirtschaftlichen Ordnung, in: *Roland Vaubel* und *Hans D. Barbier* (Hg.), Handbuch Marktwirtschaft, Pfullingen, S. 34 - 44.

Schüller, Alfred und *Ralf L. Weber* (1998), Sozialpolitik in den Transformationsländern, in: *Eckhard Knappe* und *Norbert Berthold* (Hg.), Ökonomische Theorie der Sozialpolitik. Bernhard Külp zum 65. Geburtstag, Heidelberg, S. 393 - 427.

Schüller, Alfred und *Dirk Wentzel* (1991), Die Etablierung von Wettbewerbsmärkten: Zur Herstellung eines funktionsfähigen Preissystems, in: *K. Hans Hartwig* und *H. Jörg Thieme* (Hg.), Transformationsprozesse in sozialistischen Planwirtschaften; Ursachen, Konzepte, Instrumente, Heidelberg und Berlin, S. 281 - 304.

Spicher, Thomas (1997), Kapitalmarkt, unvollständige Verträge und Finanzintermediation, Lohmar und Köln.

Stiglitz, Joseph und *Andrew Weiss* (1981), Credit Rationing in Markets with Imperfect Information, The American Economic Review, Vol. 71, June 1981, S. 393 - 410.

Trabold, Harald und *Carla Berke* (1996), Die Veränderung der komparativen Vorteile Mittel- und Osteuropas im Transformationsprozeß, DIW-Vierteljahrsheft, Nr. 1/1996, S. 57 - 71.

Weber, Ralf L. (1994), Die Europäische Währungsunion zwischen wirtschaftlicher und politischer Rationalität, in: *Helmut Leipold* (Hg.), Ordnungsprobleme Europas: Die Europäische Union zwischen Vertiefung und Erweiterung, Arbeitsberichte zum Systemvergleich, Nr. 18, Marburg, S. 109 - 151.

Weber, Ralf L. (1995), Außenwirtschaft und Systemtransformation: Zur Bedeutung der Zahlungsbilanzrestriktion im Übergang von der Zentralplanwirtschaft zur Marktwirtschaft, Stuttgart, Jena und New York.

Wyplosz, Charles (1998), Globalized Financial Markets and Financial Crisis, Paper prepared for the conference „Coping with Financial Crisis in Developing and Transition Countries: Regulatory and Supervisory Challenges in a New Era of Global Finance", 16. – 17. 3. 1998, http:\\gray.nber.org/papers/w6559.htm.

STUDIEN
ZUR ORDNUNGSÖKONOMIK

Herausgegeben von
Prof. Dr. Alfred Schüller

Nr. 22:

Wirtschaftliche Systemforschung und Ordnungspolitik

40 Jahre Forschungsstelle zum Vergleich wirtschaftlicher Lenkungssysteme der Philipps-Universität Marburg

von **Alfred Schüller** und **Christian Watrin**

Mit Grußworten von

Bernd Höhmann
Kanzler der Philipps-Universität Marburg, und

Prof. Dr. Erich Priewasser
Dekan des Fachbereichs Wirtschaftswissenschaften der Philipps-Universität Marburg

54 S., 19,80 DM, ISBN 3-8282-0111-3

Lucius & Lucius   Stuttgart 1999

Studien zur Ordnungsökonomik

Herausgegeben von Alfred Schüller

Lucius&Lucius Verlags GmbH, Stuttgart

(bis Heft Nr. 21: „Arbeitsberichte zu Ordnungsfragen der Wirtschaft)

Nr. 22: Alfred Schüller und Christian Watrin, Wirtschaftliche Systemforschung und Ordnungspolitik: 40 Jahre Forschungsstelle zum Vergleich wirtschaftlicher Lenkungssysteme der Philipps-Universität Marburg, Oktober 1999, ISBN 3-8282-0111-3, 19,80 DM.

Nr. 21: Alfred Schüller (Hrsg.), Kapitalmarktentwicklung und Wirtschaftsordnung, Juli 1997, ISBN 3-930834-04-9, 24,80 DM.

Nr. 20: Sandra Hartig, Die westeuropäische Zahlungsunion: Ein Vorbild für Osteuropa?, Mai 1996, ISBN 3-930834-03-0, 76 S., 17,60 DM.

Nr. 19: Reinhard Peterhoff (Hrsg.), Privatwirtschaftliche Initiativen im russischen Transformationsprozeß, November 1995, ISBN 3-930834-02-2, 120 S., 24,80 DM.

Nr. 18: Helmut Leipold (Hrsg.), Ordnungsprobleme Europas: Die Europäische Union zwischen Vertiefung und Erweiterung, November 1994, ISBN 3-930834-01-4, 151 S., 19,80 DM.

Nr. 17: Helmut Leipold (Hrsg.), Ordnungsprobleme der Entwicklungsländer: Das Beispiel Schwarzafrika, Juli 1994, ISBN 3-930834-00-6, 37 S., 9,20 DM.

Nr. 16: Helmut Leipold (Hrsg.), Privatisierungskonzepte im Wandel, Juni 1992, ISBN 3-923647-15-8, 143 S., 19,20 DM. (vergriffen!)

Nr. 15: Zur Transformation von Wirtschaftssystemen: Von der Sozialistischen Planwirtschaft zur Sozialen Marktwirtschaft, Hannelore Hamel zum 60. Geburtstag, Juli 1990, 2. überarbeitete und erweiterte Auflage, Februar 1991, ISBN 3-923647-14-X, 192 S., 19,80 DM. (vergriffen!)

Nr. 14: Hannelore Hamel (Hrsg.), Soziale Marktwirtschaft: Zum Verständnis ihrer Ordnungs- und Funktionsprinzipien, April 1990, ISBN 3-923647-13-1, 57 S., 7,60 DM.

Nr. 13: Heinz Lampert, Theorie und Praxis der Sozialpolitik in der DDR, August 1989, ISBN 3-923647-12-3, 32 S., 6,90 DM. (vergriffen!)

Nr. 12: Hannelore Hamel und Helmut Leipold, Perestrojka und NÖS: Funktionsprobleme der sowjetischen Wirtschaftsreform und die Erfahrungen der DDR in den sechziger Jahren, Juni 1989, ISBN 3-923647-11-5, 63 S., 8,80 DM. (vergriffen!)

Nr. 11: Ordnungstheorie: Methodologische und institutionentheoretische Entwicklungstendenzen, September 1987, ISBN 3-923647-10-7, 168 S., 12,80.

Nr. 10: Hannelore Hamel und Helmut Leipold, Wirtschaftsreformen in der DDR - Ursachen und Wirkungen, Januar 1987, ISBN 3-923647-09-3, 43 S., 7,40 DM.

Nr. 9: Alexander Barthel, Zum Problem der Unternehmenshaftung in der DDR, September 1986, ISBN 3-923647-08-5, 67 S., 8,90 DM.

Nr. 8: Unternehmensverhalten und Beschäftigung, mit Beiträgen von Volker Beuthien u.a., Juni 1985, ISBN 3-923647-07-7, 80 S., 9,00 DM.

Nr. 7: Alfred Schüller und Hans-Günter Krüsselberg (Hrsg.), Grundbegriffe zur Ordnungstheorie und Politischen Ökonomik, 4. Aufl., April 1998, ISBN 3-923647-06-9, 172 S., 15,40 DM.

Nr. 6: Alfred Schüller und Hannelore Hamel, Zur Mitgliedschaft sozialistischer Länder im Internationalen Währungsfonds (IWF), Oktober 1984, ISBN 3-923647-05-0, 25 S., 6,30 DM.

Nr. 5: Béla Csikós-Nagy, Liquiditätsprobleme und die Konsolidierung der ungarischen Wirtschaft, September 1983, ISBN 3-923647-04-2, 19 S., 4,20 DM.

Nr. 4: Karl von Delhaes, Zur Diskussion über die Funktion der Preise im Sozialismus, Januar 1983, ISBN 3-923647-07-4, 27 S., 4,20 DM.

Nr. 3: Hannelore Hamel, Helmut Leipold und Reinhard Peterhoff, Zur Reform der polnischen Unternehmensverfassung, Mai 1982, ISBN 3-923647-02-6, 68 S., 7,20 DM.

Nr. 2: Alfred Schüller, Produktionsspezialisierung als Mittel der Integrationspolitik im RGW, Oktober 1981, Nachdruck 1986, ISBN 3-923647-01-8, 46 S., 6,40 DM.

Nr. 1: Karl von Delhaes und Reinhard Peterhoff, Zur Reform der polnischen Wirtschaftsordnung, Juli 1981, Nachdruck 1985, ISBN 3-923647-00-X, 152 S., 10,50 DM.

In russischer Sprache:

Nr. 7RUS: Soziale Marktwirtschaft: Verständnis und Konzeptionen in russischer Sprache, 130 S., DM 18,50

Studien zur Ordnungsökonomik, Verlag Lucius & Lucius, Stuttgart

Ab Nr. 22 zu beziehen über den Buchhandel

Arbeitsberichte Nr. 1 – 21 und 7rus

zu beziehen über:  Marburger Gesellschaft für Ordnungsfragen der Wirtschaft e.V.

Barfüßertor 2 · D-35037 Marburg ·
Tel.: (06421) 28-23928 · 28-23196 · Fax (06421) 28-28974
Internet: http://www.wiwi.uni-marburg.de/lokal/witheo2/fost/liste_ab.htm

Schriften zu Ordnungsfragen der Wirtschaft

Lucius&Lucius Verlags-GmbH, Stuttgart - ISSN 1432-9220

Herausgegeben von
Gernot Gutmann, Hannelore Hamel, Klemens Pleyer, Alfred Schüller, H. Jörg Thieme

(bis Band 51: „Schriften zum Vergleich von Wirtschaftsordnungen")

Band 61:	*Schittek*, **Ordnungsstrukturen im europäischen Integrationsprozeß:** Ihre Entwicklung bis zum Vertrag von Maastricht, 1999, 409 S., 74 DM, ISBN 3-8282-0108-3.
Band 60:	*Engelhard/Geue (Hg.)*, **Theorie der Ordnungen:** Lehren für das 21. Jahrhundert, 1999, 369 S., 69 DM, ISBN 3-8282-0107-5.
Band 59:	*Brockmeier*, **Wettbewerb und Unternehmertum in der Systemtransformation:** Das Problem des institutionellen Interregnums im Prozeß des Wandels von Wirtschaftssystemen, 1999, 434 S., 74 DM, ISBN 3-8282-0097-4.
Band 58:	*Hartwig/Thieme (Hg.)*, **Finanzmärkte:** Funktionsweise, Integrationseffekte und ordnungspolitische Konsequenzen, 1999, 556 S., 79 DM, ISBN 3-8282-0094-X.
Band 57:	*Cassel (Hg.)*, **50 Jahre Soziale Marktwirtschaft:** Ordnungstheoretische Grundlagen, Realisierungsprobleme und Zukunftsperspektiven einer wirtschaftspolitischen Konzeption, 1998, 792 S., 94 DM, ISBN 3-8282-0057-5.
Band 56:	*Krüsselberg*, **Ethik, Vermögen und Familie:** Quellen des Wohlstands in einer menschenwürdigen Ordnung, 1997, 348 S., 68 DM, ISBN 3-8282-0055-9.
Band 55:	*Geue*, **Evolutionäre Institutionenökonomik:** Ein Beitrag aus der Sicht der österreichischen Schule, 1997, 336 S., 68 DM, ISBN 3-8282-0050-8.
Band 54:	*Knorr*, **Umweltschutz, nachhaltige Entwicklung und Freihandel**, 1997, 49 DM, ISBN 3-8282-0035-4.
Band 53:	*Paraskewopoulos (Hg.)*, **Wirtschaftsordnung und wirtschaftliche Entwicklung**, 1997, 79 DM, ISBN 3-8282-0034-6.
Band 52:	*v. Delhaes/Fehl (Hg.)*, **Dimensionen des Wettbewerbs**, 1997, 84 DM, ISBN 3-8282-0033-8.
Band 51:	*Keilhofer*, **Wirtschaftliche Transformation in der Tschechischen Republik und in der Slowakischen Republik**, 1995, 89 DM, ISBN 3-8282-5398-9.
Band 50:	*Wentzel*, **Die Geldordnung in der Transformation**, 1995, 49 DM, ISBN 3-8282-5397-0.
Band 49:	*Müller*, **Spontane Ordnungen in der Kreditwirtschaft Rußlands**, 44 DM, ISBN 3-8282-5396-2.
Band 48:	*Sitter*, **Perestroika und Innovation**, 1995, 64 DM, ISBN 3-8282-5386-5.
Band 47:	*Hamacher*, **Glaubwürdigkeitsprobleme in der Geldpolitik**, 1995, 58 DM, ISBN 3-8282-5385-7.
Band 46:	*Weber*, **Außenwirtschaft und Systemtransformation**, 1995, 69 DM, ISBN 3-8282-5384-9.
Band 45:	*Gutmann/Wagner (Hg.)*, **Ökonomische Erfolge und Mißerfolge der deutschen Vereinigung**, 1994, 74 DM, ISBN 3-8282-5384-9.
Band 44:	*Vollmer*, **Arbeitslosigkeit in sozialistischen Planwirtschaften**, 1994, 68 DM.
Band 43:	*Gröner/Schüller (Hg.)*, **Europäische Integration als ordnungspolitische Aufgabe**, 1993, 84 DM.

Band 42: Alexander Barthel, Betriebssteuern als Lenkungsinstrument in sozialistischen Planwirtschaften, 1990, 68 DM.
Band 41: Carsten Herrmann-Pillath, China - Kultur und Wirtschaftsordnung, 1990, 44 DM.
Band 40: Perdita Wingender, Westdevisen und Devisenschwarzmärkte in sozialistischen Planwirtschaften, 1989, 44 DM.
Band 39: Hartwig, Monetäre Steuerungsprobleme in sozialistischen Planwirtschaften, 1987.
Band 38: Leipold/Schüller (Hg.), Zur Interdependenz von Unternehmens- und Wirtschaftsordnung, 1986.
Band 37: Paraskewopoulos, Konjunkturkrisen im Sozialismus, 1985.
Band 36: Schmidt, Internationale Währungspolitik im sozialistischen Staat, 1985.
Band 35: Derix, Säkulare Inflation, kompetitive Geldordnung und „unbeschränkte Demokratie", 1985.
Band 34: Krüsselberg (Hg.), Vermögen im Systemvergleich, 1984.
Band 33: Schüller/Leipold/Hamel (Hg.), Innovationsprobleme in Ost und West, 1983.
Band 32: Feucht, Theorie des Konkurrenzsozialismus, 1983.
Band 31: Jansen, Das Inflationsproblem in der Zentralverwaltungswirtschaft, 1983.
Band 30: Gutmann (Hg.), Funktionsprobleme der DDR-Wirtschaft, 1982.
Band 29: Müller, Die Staatliche Finanzkontrolle der Industriebetriebe in der DDR, 1980.
Band 28: Schüller/Wagner (Hg.), Außenwirtschaftspolitik und Stabilisierung von Wirtschaftssystemen, 1980.
Band 27: Thieme (Hg.), Gesamtwirtschaftliche Instabilitäten im Systemvergleich, 1979.
Band 26: Hensel, Systemvergleich als Aufgabe, hg. von H. Hamel, 1977.
Band 25: Winter, Institutionalisierung, Methoden und Umfang der Integration im RGW, 1976.
Band 24: Klein, Prozeßpolitische Hauptinstrumente der Wirtschaftspolitik in der DDR, 1975.
Band 23: Leipold, Betriebsdemokratie - ökonomische Systemrationalität, 1974.
Band 22: Hagemann/Klemencic, Die sozialistische Marktwirtschaft Jugoslawiens, 1974.
Band 21: Pleyer und Lieser, Das Zivil- und Wirtschaftsrecht der DDR im Ausklang eines Reformjahrzehnts, 1973.
Band 20: Bress, Kommunismus bei Karl Marx, 1972.
Band 19: Hensel/Wagner/Wessely, Das Profitprinzip - seine ordnungspolitischen Alternativen in sozialistischen Wirtschaftssystemen, 1972.
Band 18: Blaich/Bog/Gutmann/Hensel u.a., Wirtschaftssysteme zwischen Zwangsläufigkeit und Entscheidung, Marburger Forschungsseminar, 1971.
Band 17: Bühler, Die Problematik der Kontrolle betriebswirtschaftlicher Leistungen in Zentralverwaltunswirtschaften, 1971.
Band 16: Blaich, Die Wirtschaftspolitik des Reichstags im Heiligen Römischen Reich, 1971.
Band 15: Bing, Investitionsfinanzierung in der Zentralverwaltungswirtschaft, 1970.
Band 14: Pleyer/Lieser, Zentralplanung und Recht, 1969.
Band 13: Thieme, Die Sozialistische Agrarverfassung - ein Ausnahmebereich im Wirtschaftssystem der DDR, 1969.
Band 12: Hensel u. Mitarb., Die sozialistische Marktwirtschaft in der Tschechoslowakei, 1968.
Band 11: Hahn, Investitionslenkung im sowjetischen Wirtschaftssystem, 1968.
Band 10: Hirtz, Zum Problem der Doppelplanung des Wirtschaftsprozesses durch Staat und Einzelwirtschaften, 1968.
Band 9: Hofmann, Subjektives Recht und Wirtschaftsordnung, 1968.
Band 8: Blaich, Die Reichsmonopolgesetzgebung im Zeitalter Karls V., 1967.
Band 7: Pleyer, Zentralverwaltungwirtschaft und Zivilrecht, 1965.
Band 6: Brösse, Wirtschaftsordnung und Arbeitsrecht in Spanien, 1965.
Band 5: Gutmann, Theorie und Praxis der monetären Planung in der Zentralverwaltungswirtschaft, 1965.
Band 4: Gutmann/Hochstrate/Schlüter, Die Wirtschaftsverfassung der Bundesrepublik Deutschland, 1964.
Band 3: Bernhard, Wettbewerb, Monopole und öffentliches Interesse, 1963.
Band 2: Hättich, Wirtschaftsordnung und katholische Soziallehre, 1957.
Band 1: Hensel, Einführung in die Theorie der Zentralverwaltungswirtschaft, 1954, 3. A. 1979.

ORDO
Jahrbuch für die Ordnung von Wirtschaft und Gesellschaft
Begründet von Franz Böhm und Walter Eucken
Bd. 49/1998
1998. XIV/586 S. gb. DM 138,–/öS 1007,–/SFr. 122.–(ISBN 3-8282-0093-1)

Inhaltsübersicht Bd. 49

E. Hoppmann
Die Interdependenz der Ordnungen

H. Leipold
Die große Antinomie der Nationalökonomie

H. Willgerodt
Die Liberalen und ihr Staat

J. Lange-von Kulessa, A. Renner
Die Soziale Marktwirtschaft Alfred Müller-Armacks und der Ordoliberalismus

A. Schüller
Der wirtschaftspolitische Punktualismus

C. Christl
Die Ordnungstheorie Walter Euckens in einer offenen Gesellschaft

H. Geue
Sind ordnungspolitische Reformanstrengungen mit Hayeks Evolutionismus vereinbar?

L. Gerken
Die Grenzen der Ordnungspolitik

A. Woll
Adam Smith – Gründe für ein erneutes Studium seiner Werke

F. L. Sell
Max Weber – der Nationalökonom

H. Berg, G. Brandt
Der Schumpetersche Unternehmer: Versuch einer kritischen Würdigung

Wolfgang Kerber
Globalisierung und Standortwettbewerb

L. Gerken
Der globale Wettbewerb als Anreiz- und Entdeckungsverfahren

P. Thuy
50 Jahre Soziale Marktwirtschaft: Anspruch und Wirklichkeit

G. Habermann
Unternehmer und Ordnungspolitik

W. Hamm
Zu Lasten der kommenden Generationen

D. Meyer
Das System der Freien Wohlfahrtspflege aus ordnungspolitischer Sicht

A. Freytag
Geldpolitische Regelbindung als Teil der wirtschaftlichen Gesamtordnung

U. Mummert
Ordnungswechsel und politisch-ökonomische Prozesse

A. Knorr
Zwanzig Jahre Deregulierung im US-Luftverkehr

N. Eickhof
Die Forschungs- und Technologiepolitik Deutschlands und der EU

F. Daumann, U. Hösch
Freiheitssichernde Regeln und ihre Justiziabilität

M. Fredebeul-Krein, A. Schürfeld
Die Deregulierung des deutschen Handwerks

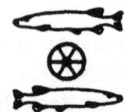

Verlagsgesellschaft
Stuttgart

Bei Fragen zur Produktsicherheit wenden Sie sich bitte an:
If you have any questions regarding product safety,
please contact:

Walter de Gruyter GmbH
Genthiner Straße 13
10785 Berlin
productsafety@degruyterbrill.com